AT THE END OF THE BROKEN BRIDGE

AT THE END OF THE BROKEN BRIDGE

XXV Hungarian Poems
1978–2002
Edited by István Turczi
with an Introduction by Béla Pomogáts
Literary Consultant: Zsuzsanna Varga

CARCANET

SCOTTISH POETRY LIBRARY

By leaves we live

First published in 2005 by

The Scottish Poetry Library
5 Crichton's Close
Canongate
Edinburgh
EH8 8DT

and

Carcanet Press Limited
Alliance House
Cross Street
Manchester
M2 7AQ

Introduction © 2005 Béla Pomogáts
This selection © 2005 István Turczi
Editorial concept © 2004 Scottish Poetry Library
Individual poems © the authors and translators; the acknowledgements
on p. 103 constitute an extension of this copyright page.

ISBN 1 85754 796 9

The publishers acknowledge support from the Scottish Arts Council
towards the publication of this title.

Designed and typeset by Barrie Tullett in Shaker

Printed and bound by
The Cromwell Press, Trowbridge, Wiltshire

Contents

7 *Editorial Note*
9 *Twenty-five Poems of Twenty-five Years*

The Poems

1978	**Mégis / Efter Aa** István Vas
1979	**A sötétség felé / Towards Darkness** László Kálnoky
1980	**Catch as Catch Can** Gyula Illyés
1981	**Amerikai állomás / American Station** Ágnes Nemes Nagy
1982	**Halal utáni arcod / Your Face After Death** László Benjámin
1983	**Ars poeticák a XX. századból / 20th Century Poetry** Győző Csorba
1984	**Chaplin kontra Chaplin / Chaplin contra Chaplin** Ágnes Gergely
1985	**És fölragyognak szétszórt csontjaik / And they're shining up, those bones of theirs like skittles** Ottó Orbán
1986	**Átutazóként / As If In Transit** István Baka
1987	**Ingovány / Swamp** László Lator
1988	**Magyarok / Hungarians** Sándor Weöres
1989	**Bolyongás közben / Stravaigin** György Faludy
1990	**Édes Churchill, köszönöm a táviratot! / Thank You for the Telegram, Dear Churchill!** Zsuzsa Takács
1991	**Russell Square, Tavistock Place** Dezső Tandori
1992	**Amit a vers akar / Whit The Poem's Wantin** Szabolcs Várady
1993	**A hetedik év / The Seiventh Year** Zsuzsa Rakovszky
1994	**Képeslap Dubrovnikból / Postcard from Dubrovnik** Zsófia Balla
1995	**Nosztalgia / Nostalgia** György Petri
1996	**H.Ö.L.D.E.R.L.I.N. – H. Die Liebe** Endre Kukorelly
1997	**Kortárs sírfelirata / Epitaph for those Present** Sándor Rákos
1998	**A titkos élet / The Secret Life** István Kemény
1999	**Karácsony Jeruzsálemben / Yule in Jerusalem** István Turczi
2000	**Kisebbségben / Minoritie Status** Győző Ferencz

2001 **Földnélküli János / John Lackland** János Térey
2002 **Balaton** Krisztina Tóth

87 *Notes on the Poems*
89 *Biographies and Acknowledgements*
91 *The Editors*
93 *Poets' Biographies*
101 *Translators' Biographies*
103 *Acknowledgements*
105 *Other XXV Anthologies*

Editorial Note

This selection was made on the principle of one poem per year. The poem in question may have appeared in a magazine or a collection published during that year. In practice, most of the poems included here were published in a yearbook of new Hungarian poetry *Szép versek*, issued by the publishers Magvető.

I would like to extend my thanks to everyone involved in this publication, particularly the Hungarian Cultural Centre, London, for assistance during its preliminary stages; Katalin Budai of the Hungarian Ministry of Cultural Heritage, for facilitating contacts between the SPL and Hungarian poets and publishers; István Turczi, for accepting the challenge of selecting the twenty-five poems; his wife and business partner Anna Pálos Turczi, for her practical help; Zsuzsanna Varga, whose expertise in Hungarian language and literature proved invaluable; the five translators, namely Ron Butlin, Tom Hubbard, Edwin Morgan, Angus Reid and Christopher Whyte; Peter Sherwood of the School of Slavonic Studies, University College London, for assisting with the translation of the introduction; and all those at the Scottish Poetry Library and Carcanet Press who have helped keep this project on track.

It is worth noting that Zsuzsanna Varga prepared literal English versions of all the poems included here, to assist the translators. Of these, Edwin Morgan is a long-standing and distinguished translator from the Hungarian; Christopher Whyte has recently added Hungarian to his extensive roster of languages; Tom Hubbard has a reading knowledge of the language, and collaborated closely with Zsuzsanna Varga on his Scots versions; while Ron Butlin and Angus Reid are not familiar with the language, and prepared their versions based on the literals provided.

Ken Cockburn
Series Editor

Twenty-five Poems of Twenty-five Years

'Lyrical poetry is dying', wrote Mihály Babits, the Hungarian poet of the 1930s often seen as the conscience of the first half of the twentieth century, in his poem 'For long have Sappho's days been silenced now'. Since then, many Cassandras have prophesied that poetry and literature would disappear. It is often claimed that those in the twentieth and now in the twenty-first century do not need poems to uncover the workings of the human psyche, the mysteries of society or the processes of history: poetry has reverted to its role as mysterious ritual, the private domain of the initiated, just as it used to be at the dawn of humanity.

There are moments when it seems that literature is merely a monument from a vanished civilisation, and that poems hold interest only for some determined yet wholly unmodern minds. At times it seems that the civilisation of the book, as a witness and an important determinant of the rise and struggles of Hungary and modern Europe, has become some useless Muroroa atoll, liable to be swept away by the artificially generated tectonic quakes of the civilisation of technology. Few may lament its loss – at most a handful of determined cultural environmentalists, who will always resist the encroachment of modern civilisation when this takes the form of violence and pornography in the mass media, which is capable of manipulating millions of people.

I am glad to be able to say that Hungarian poetry still retains much of its social authority, influence, and respect. Hungarian history has often seemed a tidal surge of communal tragedy: foreign rule, lost battles, lost territories, and lost revolutions have often cramped the perspectives of the Hungarian nation. Thus it is that poetry, as elsewhere in Central Europe – Poland, the Czech lands – has often assumed the role of the preserver of national identity.

Of the concepts sanctified by Hungarian history and accepted by national consensus, those of nation and poetry have always been closely linked. A mutually enhancing creative bond has grown up between them. The role and mission of Hungarian literature have been determined by national history or rather by national failure, in the sense that literature and especially poetry had to restore the shattered intellectual and communal morale of the nation and to reassert its political and cultural cohesion. On the other hand, the individual traits that constitute the Hungarian national and cultural character within the rich European mosaic were often embodied in Hungarian poetry.

In the twenty-five poems that follow there is plentiful evidence for what has been said above. These poems simultaneously reflect their authors' internal struggles, their search for truth, their discoveries of philosophy, and the personal and national experiences that have always prompted Hungarian poets to take sides, or at least to explore the issues deeply. The majority of these poems are addressed as much to the community as to the individual; this goes for avant-garde or post-modern poems as well. The search for truth, despite the prevailing social conditions, despite history, despite disheartening experiences of Hungarian culture, have left their imprint on these texts and on the souls behind them, as have the spiritual and moral struggle for the meaning and mission of poetry, just as this is reflected in Babits' poem.

In this brief introduction I do not have space to deal in detail with every poem in this collection. Nonetheless, I should like to draw attention to the unflinching poetic ethic of Gyula Illyés, to the philosophical introspection of László Kálnoky, to the commentary on national history by Sándor Weöres, to Faludy's genuinely European horizons, to Ágnes Nemes Nagy's deep empathy with objects, to the elegiac attitude to life in Ottó Orbán, to György Petri's political sarcasm. The poetry of such writers as Dezső Tandori, Zsuzsa Takács, Zsuzsa Rakovszky, Endre Kukorelly, István Turczi, Győző Ferencz and Krisztina Tóth restructures the meaning of personal fate and experience, not just the meaning of poetry. Some poems focus upon the meaning and mission of modern poetry itself: those by István Vas, Győző Csorba, and Szabolcs Várady especially.

These twenty-five poems reflect the psychological history of those twenty-five years. They reflect thoughts and feelings about a historical period suffused with historical change. I am certain that the task of providing an authoritative picture of the history of a human community and a European nation is too important to be left to pure (or even impure) science alone: I believe it to be an important task of poetry. It is in this sense that the poems in the anthology can provide valuable and reliable insights into the mental and psychological history of Hungarians in the twentieth and twenty-first centuries.

In their *Theory of Literature*, the American literary historians René Wellek and Austin Warren describe the fuction of art both as 'self-fulfilling' and as a 'communal rite and cultural bonding'. Hungarian literature and Hungarian poetry have fulfilled the mission of creating a community during their eight-hundred year history. They continue to do so in the complex world of the new millennium; fulfilling their mission in the lives of fifteen million Hungarians in the past and in their future.

Many thinkers have prophesied the eventual death and disappearance of the Hungarian language, yet it is still very much alive. Poetry and literature are also alive, and they too have challenged many Cassandras of the past and present. The Muroroa atoll of poetry is still well above the ocean in which the dark waves of the new millennium are roaring; it withstands, still, the tectonic movements. Atolls and islands may have their mission in a transitional age; they preserve the fundamental values of humanity, of which the Hungarians' island forms a distinctive part. Or, as Babits said, 'be an isle and wait for a sun out of the marsh... while gods are mortal, man is born to live'.

Béla Pomogáts
Translated by Zsuzsanna Varga with Peter Sherwood

THE POEMS

Mégis

Igen, a történetek véget értek,
Vagy majdnem véget. Sok fantázia
Nem is kell, hogy kikerekítsük őket:
Elmúlt a fordulatok ideje.
De ki gondolta volna, hogy mi ketten,
Hogy mégis veled fogok üldögélni
Sötétedéskor, és mégis vörös bor
Mellett még mindig? És még mit, ha mégis?
Mit még? A malomnak nincsen köve,
Mégis lisztet jár, mégis gyöngyöt jár.
Huss hát! föl a fehérlő képtelenbe,
Ahol madarak szállnak szárnyak nélkül,
Elszállni lopva, ez való nekünk,
A hatalmas, az utolsó kalandba.
És mégis jár a kövenincs malom,
És mégis lisztet jár és gyöngyöt jár,
És mégis meglett, és mégis hozsanna,
Úgy, ahogy lehetett, ahogy lehet.
És te meg én. S ha egyikünk lehull?
Mégis madarak szállnak szárnyak nélkül.

Efter Aa

Ay, stories hae endit, likes,
Or gey near. Muckle imagination
Isnae needit fir ti gaither thame up.
There's nae mair time fir turnin.
Yit wha'd hae thocht that the twa o 's,
That, efter aa, I'll be sittin wi you
At gloamin, efter aa, likes, wi reid wine
As aye? Forby whit else, efter aa?
Whit mair? The mill withoot millstanes
Is grundin floor, is grundin pairls.
Whush! Up ti the white endlessness,
Whaur birds flee withoot weengs,
Ti flee awa slee-like, thon's fir us,
Inti the lest, graund ploy.
And efter aa, the mill withoot millstanes
Grunds on, grundin floor, grundin pairls,
And efter aa, it happened, bi-God! efter aa,
In the anerlie wey as it cuid happen ava.
And you and me. And gin aither o us faas doun?
And efter aa, there's birds flee withoot weengs.

translated by Tom Hubbard with Zsuzsanna Varga | 1978

A sötétség felé

Felhőket terel a szél, juhnyája
lelegel minden csillagot az égről.
Láthatatlan utain sodor a vér
halált hozó, parányi szörnyetegeket.
Beszívjuk orron, szájon át
végzetünket. Nem küzdünk ellene.
Bennünk szaporodik, elhatalmasodik,
lelegeli bensőnk égboltjának
csillagait. Már nem ijeszt ránk
a sárga arc a tükörből, a fakuló
kék szem, a szemöldök eldurvult, őszülő
tüskesövénye. Pedig tudjuk, nehéz a föld,
beroppantja koporsónk fedelét.
Orrlyukon, szájon át belénk szivárog
az őszi esők nyirka, de mégsem
fázunk többé, pedig csak a melegség éltetett.
Nem bánt a sötétség, pedig csak a fényt szerettük.
Bútoraink kődarabok, a kóróvá száradt óraingát
hideg szél lengeti jobbra, balra.
Könyörögni kellene, de nincs kihez,
lázadni kellene, de nincs ki ellen.
Csuklya takarja a hóhér fejét,
nem akar, nem tud a halálraítélt
számonkérő szemébe nézni,
pedig védtelenebb az a hernyónál,
a házatlan csigánál.

1979 | László Kálnoky

Towards Darkness

The wind is a shepherd to the clouds, its flock
grazes all the stars off the sky.
Blood is a shepherd to the tiny monsters
that carry death through paths we cannot see.
It is our destiny we breathe in
through nose and mouth. Why fight against it?
It breeds inside us, it takes over,
it grazes the stars off our inner sky.
That mirror with the sallow face,
blue eyes dimming, thistle thatch
of brows growing rough and grey - now
we are beyond fear of it. And although
we know earth is heavy, did we know
it would crush the very lid of our coffin?
Through nose and mouth the soggy damp
of autumn rains seeps into us, yet
we are immune to cold, though it was warmth we lived for.
We are immune to darkness, though light was our best love.
Our furniture is stone, the cold wind swings
a pendulum dead as a stick from right to left.
Should we pray? No ear is listening.
Should we revolt? No enemy waits.
The hangman's head is hooded – why?
He hates to, is unable to look
into condemned eyes calling to account,
although the condemned is more defenceless
than caterpillar or unshelled snail.

translated by Edwin Morgan | 1979

Catch As Catch Can

„Dühöngsz? – Dühöngj!" – nevettem, miközben a vitorla-
 kötélen s kormányrúdon át
fékezni kezdtem, fogva két marokra
 a szél növő akaratát.

Átjött karizmomba az esti orkán
 ereje azon vad-elevenen.
Gyötört, de rangot is adott: lám,
 megküzd velem.

Végtagom lett; velem egy testi rész lett
 vitorla és kormánylapát.
Harc folyt, úgy benső, mint ha összevész egy
 rég „jobb" család.

Testemben – izmaimban – tudtam, mért folyt az angyal
 s Jákob közt – Kiért?! – küzdelem.
Az ős rejtezkedő volt, a neve-sincs, vak haraggal
 irigy ellenfelem.

Ízleltem (visszaérzőn a múltba) mind az antik
 gáncsokat, – a sziszifuszit!
és ízleltem (előre) még többször: lezuhan, ki
 megalkuszik.

Játékharc volt? De vallott mégis valódi könnyet
 s fintort szem és száj válaszul.
Ma sem tudom, hogy melyikünk lett
 vagy lesz az úr; az Úr.

1980 | Gyula Illyés

Catch as Catch Can

'You're in a rage? – Too bad!' – I laughed and used
        halyard and steering column
to start braking, grasping the wind's swelling
        will in both my palms.

The strength of the evening gale, that wild
        aliveness entered the muscles of my arm;
vexed, it recognised an equal: 'Well then,
        fight against me'.

It became a limb of mine: both sail and rudder
        turned to bodily parts.
Battle ensued, as if an ancient, 'good'
        family were quarrelling.

My body, my sinews, knew why Jacob and the angel
        fought each other – But on whose behalf?
The clandestine progenitor opposed me, nameless, filled
        with envy, blindly raging.

I sensed (returning to the past) all the ancient
        impediments – like Sisyphus!
And I had sensed (beforehand) over and again:
        whoever yields is doomed.

Was the battle play? With unfeigned tear and grimace
        eye and mouth confessed a different answer.
I still don't know which of us proved or will
        prove to be the lord: the Lord.

translated by Christopher Whyte | 1980

Amerikai állomás

A Grand Canyon-ban

Én nem tudom miért, mindig az állomások.
A régi szétbomlók, a készülők.
Mindig az állomások. Itt is.
Ebben az újvilágban, ebben a képtelen
magasban, ahol mintha Kalevala-erdő
húzódna, vagy inkább erdőhatár,
innen a ritkás szálfak, ott már lapuló bokrok,
s ha fák, csapott-fejű, görcsös borókafák.

Alkony. Hófoltok. Rézvörös nap
odaát még, s az óriás, rézvörös szakadék,
amint végső, elvegyült rézporukkal
beszórják a levegőt. De itt homály.
Az elhagyott állomás. Sötét fabódé,
pionír-ház a prérin, novemberi
fagyos fű a keskeny sinek közt (hányszor láttam ezt),
a sinek végén rozsdás vasbakok.
Megszűnt hegyivasút végállomása.

Csontig fázom. De nem mozdulok.
Az előbb még egy korcs borókafába
kapaszkodva álltam a szakadék
rézvörösének legszélén, belebámulva a nem-volt
és soha-többé-nem-lesz képtelenbe,
a süllyedő Három Hajó, a Hindu Templom
kőtömbjeit félősen üdvözölve,
melyek ez egyszer éppen akkorák
voltak, mint a geológiai gondolatok.
Rájuk ismertem, nem vitás.

American Station

in the Grand Canyon

I cannot tell the reason: always stations.
Old ones falling to pieces, others still
being constructed. Stations and more stations.
Here too, in the new world, at an absurd
altitude, backed by a Kalevala
sort of forest, or rather, forest edge,
a scattering of full-grown trunks emerges
close by, there bushes lurk, and what
trees there are, are close-cropped, knotty junipers.

Nightfall. Patches of snow. The copper-red
sun lingers to one side and, copper-red,
as if in paroxysm, the immense
chasm sends a scattering of copper
dust into the air. Darkness, though, here.
The disused station. A gloomy wooden
shack, shelter for prairie pioneers,
frost on the November grass between
the narrow rails (how many times I've seen
that) and, where the rails come to an end,
an iron buffer marks the terminus
of an abandoned mountain railway line.

Chilled to the bone, I still don't make a move.
Just now, hanging on to one more freakish
juniper bush, I stood at the very edge
of the copper-red chasm, contemplating
in the impossible what has not been
and what will never be again. I shyly hailed
the Three Ships going under and the massive
stones of the Hindu Temple, endowed just then
with the immensity of geological concepts.
We were acquainted, that is beyond doubt.

translated by Christopher Whyte | 1981

De itt, ez az állomás, ez névre szóló.
Ez nem kell senkinek. Ezt átveszem.
Fölemelem, magamhoz ölelem
sötét csomagját, amelyet
sosem fogok felbontani.

But here, the station, carrying my address.
Nobody needs it. That's what I take on.
I raise it up and clasp to me the dark
package of it, one whose contents I
shall never bring into the light of day.

translated by Christopher Whyte | 1981

Halál utáni arcod

„Nem adna kölcsön egy pengőt az elvtárs?"
– Tizennégy fillérem van.
„Hát adja kölcsön azt!"
– Azt nem!
„Akkor adjon egy cigarettát!"
Így is kezdődhet egy barátság.

A tisztelettudó félszeg fiú,
akit eléd vezettek, mester elé inast,
s akin sajnálkoztál tekineteddel is, szavaddal is,
mivel ily rettentő jövő küszöbén nyitja versre száját -
az a költőinas nem tudta, hogy a végszavak,
a mellbevágó kérdés nem föltett szándék, csupán
a vérbeli tarhás reflexe, megszokás, rutin.
Vagy otthagylak miatta nyomban - vagy megszeretlek érte,
s megértem majd, hogy félénk vagy s szégyentelen,
mint sorstársaid, a kóbor kutyák.

De a szegényeket nagyon szeretted,
de a gyerekeket nagyon szeretted,
s a gyerekek maguk közé fogadtak,
egykorúnak ismertek el öregségedben is.
És én hiszek a gyerekeknek.

Lettél hát pártfogónál több: barátom.
Együtt emelkedtünk, együtt zuhantunk.
A fullasztó világhiányban, a dermesztő világiszonyban
együtt viaskodtunk a bánat és a szeretet jogáért.
Egyszerre húzták ki nevünket a kedveltek listáiról.

Milyen tüskesövény nőtt köztünk harminc év alatt?
Mitől voltunk olyan gyanútlanok?
Előbb csak nem kerestük egymást,
utóbb már elkerültük egymást.
Az engesztelő szavakat vagy a föloldó szitkokat

Your Face After Death

'Spare me a pengő?'
'I've only got fourteen fillers.'
'That'll do.'
'No, I can't.'
'A cigarette then?'

The beginnings of a friendship, perhaps.

The respectful, nervous young man
who'd been introduced like an apprentice to his master,
and whom you'd acknowledged with a few words,
had just plucked up enough courage to recite a poem to you –
an apprentice-poet could hardly be expected to know the score:
that you're a born sponger,
that bumming cash and cigarettes is a habit, nothing more.
Either I was going to drop you there and then, or love you forever for it,
accepting you're both shy and shameless
like your friends, the stray dogs.

You really loved the poor,
you really loved children,
and children accepted you as one of themselves,
they accepted you even in your old age.
And I believe children.

You became more than a patron: you became my friend.
We rose together, and we sank together.
In the suffocating emptiness of the world, in the freezing terror of the world,
side by side, we fought for the right to suffer and to love.
Together, we struck ourselves off the 'highly favoured' list.

What hedge of thorns grew between us over thirty years?
What made us take each other for granted?
We stopped calling each other up,
then we avoided each other
– till all that remained were apologies and excuses, curses even

translated by Ron Butlin | 1982

te sem tudtad kimondani,
én se tudtam kimondani.

Így is végződhet egy barátság.

Utoljára – sok éve már – álmomban láttalak.
Versbe szedtem azt a találkozást,
elmondtam, hogy nemcsak hajad, szakállad:
az arcod is megőszült, s elmondtam, hogy kibékültem veled,
akivel sose vesztem össze. Nem feleltél.
Halálon túlról, rezzenetlenül néz vissza rám
megőszült, álombeli arcod.

Hát elvégeztetett.
Kiapadt forrás, betemetett kút – a halál pecsétje szádon,
kifogytak a keserédes dalok.
Énbennem fuldoklik a szó, torlasz mögött, kiúttalan,
valami eltört itt belül, törmelékkel teli a torkom -
Nem mondjuk el már egymásnak, sem senkinek:
mi nyomja úgy a szívünk.

1982 | László Benjámin

that you could not utter,
that I could not utter.

The end of a friendship, perhaps.

Last time I saw you – many years ago – was in a dream.
I turned our meeting into a poem,
I said that not only your hair and your beard,
but your face, also, had grown grey; I said I made it up with you;
I said we'd never fallen out. You did not answer.
From beyond your death, your greying, dream-like face
looks back at me, quite unmoved.

It is finished.
The spring has dried up, the well is covered – death has sealed your mouth,
the soursweet melodies are over.
Words choke me. I am trapped. Inside me,
something has smashed to pieces, my throat is full of rubble –
You and I: we cannot tell each other, we cannot tell anyone at all,
the pain we feel.

translated by Ron Butlin | 1982

Ars poeticák a XX. századból
(Följegyzés a hasonló cimű könyv olvasása közben)

Miután más-más ars poeticák
tömegét olvassa az ember
s először komolyan veszi
amit komoly nevek leírnak
de aztán lassan kezd megzavarodni
mert halmozódnak a hideg-meleg
fehér-fekete ellentétek és
nem is az egyéniségek jegyében
hanem a tárgyi meghátarozásban
méghozzá gyakran szörnyű méretekben
miután mondom kezd megzavarodni
az ember s túl a megzavarodáson
fejet csóválni s kételkedni hogy
egyáltalában lehetséges-e –
kél benne forró hála is ama
szent kóklerek és bohócok iránt
akiknek mégiscsak köszönhető
hogy a „hasznos" és hogy a „praktikus"
az „okos" „pontos" „rendes" „célszerű"
s hasonló más derék szavak közé
az áldott „szép" szó is belékerült

1983 | Győző Csorba

20th Century Poetry
On the fly-leaf of a book of the same title

When finally you settle down
to the business of reading poetry
the serious names are the first
to demand serious attention
before a certain perplexity
slides in beside the hot-cold
black-white war in the words
and as the song of the faraway
person recedes and the grasp
you thought you had recedes
and even perplexity loses patience
and gets up and leaves and
the whole thing seems to be
quite beyond your figuring out
a flush of gratefulness arrives
that these dedicated amateurs
these clowns have put down
other words and that beside
the obviously decently
useful and practical
clever and accurate
proper and pragmatic
reclines beauty, otherwise.

translated by Angus Reid | 1983

Chaplin kontra Chaplin

A kisember énekel, mint a csalogány.
A kisember a haza bölcse.
A kisember többet tud, mint a diktátor:
a kisember tudja az Idő erejét,
a diktátor még nem tudja.
Idő kérdése, és mindketten
megismerkednek az Idővel.
„Te vagy az? – mondja a kisember az Időnek. –
Te vagy az én lelki életem anyaga, melyet
szakadatlanul figyelnem adatik?
Te vagy a kehelyben növekvő nedv,
mely létemmel együtt elfogy? Te vagy
a képletbe fogott titkok Titka, akit
sohasem imádtunk? Te vagy a közönséges
túllétezés, az örökkévalóság? Te vagy
akiben szétosztódom? Te Messiás vagy?
Nem jössz el, csak itt vagy? Mily mozdulattal
érhetnélek el?" – „Én vagyok – mondja
a diktátor az Időnek. – Én vagyok
szakadatlan változásod anyaga, nem hagyhatsz
figyelmen kívül. Én vagyok a kehely, amely
nem növekszik, csak itt van. Énrám nincs
képlet; mindegy, hogy mások kit imádnak;
én vagyok a közönséges létezés. Bennem
oszlanak szét a titkok. A Messiás is.
Én eljövök; én jövök el. Elérsz, nem
érsz el, belém botlasz." Az Idő pedig
nem válaszol; növekszik, mint a rák,
benne a képletek is szaporodnak, sokasodnak;
a kisember képlete előbb tűnik el,
mint a diktátoré. Idő kérdése, és a kisember
képlete végképp eltűnik, sóhaj a vízben.
Boldog, aki kérdezni tud.

1984 | Ágnes Gergely

Chaplin contra Chaplin

The little man sings like a nightingale.
The little man is the land's shaman.
The little man knows more than the dictator.
The little man knows the power of Time,
the dictator does not know it yet.
It is simply a question of time, and both
are bound for a confrontation with Time.
'Is it you?' the little man asks Time.
'Are you the stuff of my emotional life
which I have been given to watch, and to go on watching?
Are you the wetness spreading in the chalice
which will run out with my life? Are you
the Secret of secrets finalized in formula
whom we never adored? Are you the expected
afterlife, eternity? Are you the one
I dissolve into? Are you the Messiah?
Are you about to appear or are you just here?
How could I reach you?' 'I am,' says the dictator
to Time, 'I am the stuff
of your eternal variation, I am
not to be dismissed. I am the chalice
which never spreads, which is just here.
I am beyond Formula, adoration is for others.
I am simple existence. Within me
secreta do dissolve. So does the Messiah.
Yes, I do come, it is me that comes. You –
reach me or not, just stumble over me.'
Time is silent, it grows, it spreads
like cancer, it has formulas breeding and multiplying;
the little man's formula vanishes before
the dictator's. It is a question of time and the formula
of the little man vanishes at last, a sigh in the water.
Happy is the one who knows how to ask questions.

translated by Edwin Morgan | 1984

És földragyognak szétszórt csontjaik

És földragyognak szétszórt csontjaik –
nem érezték cipőjükben a kavicsot,
ha a lábukon volt is, nem volt cipőjük,
s nem volt koruk, foglalkozásuk, gyerekük:
egymás tekintetébe fűzve, mintha tűbe,
úgy botorkáltak, mint a részegek;
attól lehetett tartani, rögtön orrabuknak,
ahogy a rezes képpel izzó gyümölcsök között
maguk is gyümölcs módjára lebegtek,
diadalittasan és nevetségesen...

És földragyognak szétszórt csontjaik –
a préselt torokhang, a páradús pupillák,
a csak nekik fontos, személyes részletek,
amikben testet ölt a testtelen egész,
az elvont eszméből tapintható bársonnyá
bolyhozódó (s így véges) végtelen:
zöld dzsungelrobbanás a csillagközi térben,
s a tajtékzó levél- és liánzuhatagban
látni a Föld rejtett természetét,
a sötét párducpofából villámló tűzgolyót...

És földragyognak szétszórt csontjaik –
most ők a mindenség, a hal a vízben,
de a fodrozódó víz is a hal körül;
a helyhatározószó értelmét veszíti:
egymásban, egymásból, egymáson át
zuhannak, emelkednek, gomolyognak,
egyhelyben suhanva se-le-se-föl;
most ők a völgybe gördülő, mennydörgő verítékcsöpp,
most ők a süket ég a fogcsikorgatás fölött:
teli üresség, fényes arccal örjöngő sötét...

1985 | Ottó Orbán

And they're shining up, those bones of theirs like skittles

And they're shining up, those bones of theirs like skittles –
they were not worried by stones in their shoes,
even if they had had shoes, which they didn't,
and they had neither age nor profession nor children;
threaded into the needle of each other's eyes
they staggered along like drunks,
you would anxiously expect them to fall over,
as they floated like fruits among fruits,
among brilliant fruits, with their coppery cheeks,
drunk with victory, drunk with absurdity.

And they're shining up, those bones of theirs like skittles –
the squashed gutturals, the wet eye-pupils,
the personal thumbprints meaningful to themselves alone
but embodying the bodilessness of things,
infinity puffing itself into finite tangible velvets
green jungles exploding into interstellar space,
cascades of leaves and lianas foaming down
to release the secret nature of the Earth,
the leopard's dark face shooting lightnings, fireballs...

And they're shining up, those bones of theirs like skittles –
Infinity's what they are now, fish in water,
water as it slides and ripples around fish,
if place has an adjective it is meaningless;
they sink, they rise, they mix whirling together,
they whirl apart, they whirl through one another,
they glide, they are still, no up and no down;
now they are beads of sweat, grumbling and rolling through the valley,
now they are a sky that's deaf to grinding teeth:
emptiness filled, shiny-faced darkness on a roar...

translated by Edwin Morgan | 1985

És fölragyognak szétszórt csontjaik –
a nyílt törés röntgenfölvételén
csilló csigolyasor, a generációk;
nyomukat belepi az idősivatag
szüntelenül szitáló kvarchomokja,
de egy vízcsöppnyi sejt tovább emlékezik:
amíg van halál, van öröklét,
s az öröklétben ők bóklásznak a kavicsos úton,
és mintha fújna a szél a falu felől,
az elragadtatástól lobog a hajuk.

1985 | Ottó Orbán

And they're shining up, those bones of theirs like skittles –
the gaping fracture on the X-ray plate,
the shimmery vertebral column, the generations;
whatever traces they leave are cohered by
the relentless sift of desert sand, quartz grains of time,
but a water-drop-sized cell is there to remind us:
as long as there is death, there is also eternity,
and they are the ones who scrabble eternity's tracks
and their hair catches a wind that might be blowing
from the village and streams out in ecstasy.

translated by Edwin Morgan | 1985

Átutazóként

Mint aki egy kihűlt váróterem
padján riadt fel téli reggelen
s a pirkadattól átvérző üveg-
tető alatt a piszkos és rideg
csarnok zugában feltápászkodik
körülnéz és nem érti mért van itt
mi ez a nyüzsgés és mi ez a lárma
milyen nagyváros pályaudvarára
került s ez a körötte lüktető
tömeg mily bugyrokból buggyant elő
mért lökdösődik és hová siet
honnan fröccsennek szét a részegek
bicskás vagányok bekecses kofák
ingázók szabadságos katonák
rikkancsok pályamunkások kopott
disznóbőrtáskás hivatalnokok
törülközőket áruló polyák
batyus cigányok ténfergő diák
papírzacskót durrogtató bolond
pufajkás fáradt géppisztolyosok
borostás vén csavargók lányanya
soványka mellén síró kisbaba
rendőrök szajhák prédikátorok
mily óriási ágyék vagy torok
okádja őket s mért futnak vakon
ha parancsot recseg a megafon
mért rajzanak milyen vonatra szállnak
miért vajúdnak és agonizálnak
semmit sem ért csak nézi félszegen
ahogy a szennyes messzi üvegen
a hajnal romlott vére átszivárog
s nem jut eszébe küldetés vagy átok
sodorta erre s honnan jött hova

1986 | István Baka

As If In Transit

As someone who one winter's morning came
to with a start on a bench in a waiting room
grown cold while blood from day breaking above
seeps through the glass roof scrambles to his feet
in a corner of the sordid, dreary chamber
looks around and cannot understand
why he is here what this bustling means
this clamour which big city the station
he has arrived at is attached to what
sort of bundles the throbbing mass around him
spilled forth from why are they shoving
past each other where are they running to
whence the farflung splattering of drunkards
racketeers with knives market women
wearing sheepskin waistcoats commuters soldiers
on leave newsvendors track repairers civil
servants carrying tattered briefcases
Polacks selling towels gipsies with bundles
loitering students crazy guys exploding
paper bags tired men in quilted jackets
carrying tommy guns old unshaven
tramps a little baby howling next to
its under-nourished teenage mother
policemen whores bible-thumpers
what gigantic groin or throat
spews them out why do they run
blindly if the loudspeaker crackles orders
why do they swarm which train are they getting
on why are they agonising in
such throes understands not a thing
just looks on shyly while the tainted blood
of dawn seeps through the distant filthy glass
without the faintest notion what sort of
mission or curse he's got caught up in
where he came from or what kind of past

translated by Christopher Whyte | 1986

merült miféle múltba otthona

mint aki egy kihűlt váróterem
padján riad fel téli reggelen
átutazóként úgy születtem én
s hideg a csarnok és a pad kemény
s ma sem tudom hogy honnan és miért
űztek ki mily halálos bűnökért
vezeklek míg lesújt vagy megbocsát
az Isten és utazhatom tovább

1986 | István Baka

the home that once was his has sunk into

like someone who one winter's morning comes
to with a start on the bench of a waiting room
grown cold as if in transit between two
places that's how I was born the chamber
is cold the bench is stone and I don't know
today how why or where I was kicked out from
what sort of mortal sins I expiate
until God smites me down or concedes pardon
and meanwhile I can just keep travelling on

translated by Christopher Whyte | 1986

Ingovány

Mocsárvilág ez. Akadozva ér el
a nap a nagy párák mosdatta éger-
fák enyves zöldben vöröslő szívéig.

A sárga part lengő gyökérszakálla
alatt tán csík, kecsege, csuka, márna.

Mennyi túlzsúfolt kép, hányféle lábnyom
sajtolódott egymásra itt a régen
olyan mozgalmas, ingó szövevényben,
az idegennek kiismerhetetlen
zsombékosok közt girbe-gurba, keskeny
csapások áterezte ingoványon!

Az ember itt meg nem maradhatott, csak
ezen az ingyen birtokon, csak ebben
a telhetetlenül egymásra roskadt
földarcú elevenek és halottak
országában, ebben a híg közegben,

ahol a névtelenségből kiválik,
s formálódik az óriási katlan
öblében forrongó bizonytalanban
az élő a már végleges halálig,
s épít valami örökkévalót itt,
összeköti a fentet és a lentet,
rétegekben egymás fölé rakódik.

Belakja az élők előtti csendet,
az idő mozgó falaiba épül,
az idő meszes vázakat derenget.

1987 | László Lator

Swamp

A marsh world this. In fits and starts the sun
penetrates to the reddening heart
of alder trees whose gluey green
great exhalations wash across.

Loach, sturgeon, pike and barbel
may lurk beneath the wavy beard
of roots along that yellow shore.

What a mass of overcongested
images, the prints of how many
different feet were superimposed in this
of old so animated, shifting mesh,
what narrow, intertwining spoors amidst
swampinesses outsiders can never hope
to take the measure of
formed a crossgrain in the marsh!

Man could not linger here unless
in this unassigned territory, this country
whose profile shows the living and the dead
caved in voraciously one upon the other,
in this watered down solution

where the giant cauldron rises above
namelessness, acquiring form
as in its cavity, in obscurity,
the living seethes until irrevocably dead
and builds here something everlasting,
entwining what's above with what's below,
sedimenting in successive layers,

inhabiting the peace preceding
human beings, built into the walls
of moving time shone through with limy skeletons,

translated by Christopher Whyte | 1987

Ezt kínálja legvégső menedékül:
amit a kéz csinál, a kézre rávall.

A kis templomban sötét tűzzel égő
betűk, jelek, nagy szilvaszemű szentek,
a torony, keskeny kettős ablakával,
a paraszt ló, az olasz módra festett,
de azért még bizáncian merev
csoportba kényszerített barna testek,
az együgyű kazettás mennyezet.

Találkozunk s hányféle eleinkkel
kváderkőben, téglában, szürke zsindely-
szoknyás, csak facsapokkal összetartott
haranglábban – milyen távol világból,
milyen véletlenek hajtotta vándor-
lelkek érhettek itt valaha partot?

S raktak aztán a földbe még erősebb
lakásul emeletes temetőket.

offered as ultimate refuge: what hands
have made betrays the mark of hands.

Burning with a dark fire in the little church
letters, signs, saints with eyes like great plums,
the tower with its two narrow windows,
the peasant's horse, the brown bodies
compressed into a group,
painted after the Italian fashion,
and for that reason still stiff and Byzantine,
the naive coffered ceiling.

We meet with forebears of so many
different kinds in ashlar, brick, grey shingle
petticoats, assembled with dowels
in the belltower – what random, vagrant souls
were able one time here, and at
what distance from the world, to reach a shore?

Then they set layered graveyards in the earth
as a resting place of even greater strength.

translated by Christopher Whyte | 1987

Magyarok

Ezer évig a Duna partján ültem és sírtam. Ekkor egy iszapgöröngy a talpam alatt megmozdult síkosan, varangyos sár, fölém hajolt és szeliden köszöntött:
-Nézz rám! Megismered önmagad?

Tövises folyószegélyen az éles napsugár kegyetlen aratásában és a vacogtató ködben, a fényességben: lábam alatt hevert susogva, habok holt terhe, vállról levetett zsák, és meg se pillantottam;

mellettem asszonyom már szinte sátrat vont fölénk, de csak mi láttuk, s a parti homokból lángost sütött, amíg pásztorkutyám, fekete-hímes sárga lárvában, mint egy örök isten, a változó holdra kiáltozott,

fölöttem Esztergom s Visegrád kő-melle dörgött, Szentendre tarka népe zsivajgott, s a Naphegyen áldozó kelták, római jövevények, dobogó patkók, Vu-vang, Frauendienst, Rinascimento, a Rózsák apjának türbéje, acélhidakból szőtt Budapest, mind álmomban vonultak el, mert ébren se hittem a szememnek -

de akit ezer évig meg se pillantottam, most íme fölém hajolt, arca helyén homály s a habok sarló-csapásai, semmi más,

és méginkább sírtam, mert - úgy véltem - eleven vérből fakadtam, mint az állatok.

Kézen fogott, vezetett minket: a barnán füstölgő révlámpák partrabukó piros idomait csipkésre hasogatta kis csoportunk.

A lerombolt híd tövén a kompot sötétben értük el.

1988 | Sándor Weöres

Hungarians

A thousand years I sat on the bank of the Danube and wept. Then a clump of mud moved under my feet, slithering, a mud frog, leant over me and quietly asked:

'Can you recognize yourself? Look at me!'

The riverbank was thorny, with its relentless harvest of spiky sunshine and shivery fog and light; it lay whispering at my feet, a deadweight of froth and foam, a sack shouldered off, and I even failed to notice;

beside me, my woman had just set up a tent over us, not that anyone else saw it, and she baked doughnuts from the sandbank, while my collie, in a black-striped yellow grub, shouted like an immortal god at the phases of the moon,

above me, the stony breast of Esztergom and Visegrád was roaring, the jazzy throng, Szentendre was in full cry, and the Celts offering sacrifices on Naphegy, invaders from Rome, horseshoes clattering, Vu-Vang, Frauendienst, Renascence, the tombstone of the Father of the Roses, Budapest woven of steel bridges, all passed in my dream, since how was I to believe my waking eyes –

but what it was I missed for a thousand years now leant over me, its face replaced by a cloud, by hammer and sickle of froth and foam, by nothing else,

and I wept even more, since I was sure I had living blood in my veins, like the animals.

It held my hand, led us out: our little group was clad in the red shapes of the smoky brown harbour lamps which made a frill as they wavered over the bank.

We reached the ferry at the end of the broken bridge in the dark.

translated by Edwin Morgan | 1988

Bolyongás közben

Hajnal Kordovádban
A virradat lassan mossa szemét.
Galamb zúg. Aztán hosszú csend. Utána
világos lesz és a Guadalquivir
bedugja ezüst karját a rét zöld ujjasába.
Madrid, 1978

Kastély Sussexben
A selymes gyepszőnyeg fél mérföld hosszú.
S a mozdulatlan, óriási fák
magányuk merev hálókabátjában!
Itt állnak, mióta az Armadát
elfújta a vihar. Vagy ötven autó
közé csúszunk a parkolóhelyen.
Fiamnál nyaralok. Délutánonként
kastélyt kastélyra látogat velem.
Odabent halk, szemlélődő csoportok
a híresebb festményeknél. De mit
csodálnak? Tudor Erzsébet királynő
tizenkét sorban csüggő gyöngyeit,
szúrós szemét, komisz nagynéni arcát?
vagy Stuart Károly tűznél veresebb
palástját nézik és irigylik tőle,
hogy boldog volt s oly sok nőt szeretett?
E véres korba vágyódnak csak vissza,
s a többi termen átfutnak, mivel
a Györgyök, az utazók s a füvészek
unalma már senkit sem érdekel?
Vagy Perugino képeit vizsgálják,
Claude Lorraint, van Dycket, Largilliére-t,
meg Turnert, kinél barna ködöt öltött
a város, mint kint a nyárvégi kert?
A történelembe, a művészetbe,
a múltba menekülök a jelen

Stravaigin

Dawin in Cordoba
Dawin slawlie washes its een.
Cushie-doos are cooin. Lang silence. Syne
the day breks and Guadalquivir
sticks its siller sword inti the green jaiket o the loaning.
Madrid, 1978

Big-Hoose in Sussex
The silky green streetches oot lang.
And the lythe, muckle trees
in the steive dressin-goun o their aesomeness!
They've been staunin here sin the Armada
wis blawn awa bi the blouster. We slide
in atween fifty motors in the caur-park.
I'm haein a simmer brek at my lawdie's. Efternunes
he veesits big-hoose efter big-hoose wi me.
Inby, quait, thochty groups
forenent famous pentins. But whit
are they admirin? Queen Lizzie Tudor's
pearls hingin doun in twal raws,
her thirlin een, her face o a wickit aunt?
or Chairlie Stuart's cloak reider nor fire,
and they're jealous o him fir
the blytheness he kent, and his luve fir mony women.
Dae they grien fir thon bluidy time,
and breenge throu the ither haas, as
the tedisomeness o the Georges, o the traivellers and botanists
disnae interest a sowel ony mair?
Dae they vizzy the picters o
Perugino, Claude Lorrain, Van Dyck, Largillière,
and Turner, wi wha the toun claithed itsel
in a broun haar, like the gairden at simmer's end?
Am I joukin free frae the present
inti historie, inti art,

translated by Tom Hubbard with Zsuzsanna Varga | 1989

elől? avagy a bútorok szépsége,
a bőrbe kötött könyvtár érdekel
Montaigne-nyel, Erasmussal meg Voltaire-rel,
s a szőnyegek, - e régi nagyurak
ízlése, akik kandallójuk mellől
vasvértben festették le magukat?
Így járkálunk. A zárt, fehér nagyajtó
mögött a kastély ura él, aki
csak kölcsönadta a Nemzeti Trösztnek
házát, melyet nem tud fenntartani.
Vajon - tűnődöm - ha itt bolyong éjjel
kísértetnek a boltívek alatt,
mit gondol rólunk, a látogatókról,
kikből a legjobb, a leggazdagabb,
a legkülönb után sem marad, nemhogy
íly kastély, íly kert, íly képtár, de egy
szobasarok avagy ajtókilincs sem,
mit mutogatni lenne érdemes.
Négy óra után itt ülök fiammal
s tortát eszünk a teázóban, lent
az alagsoron. Folytatni szeretném
a kérdezést, de megzavar a csend.
Körülnézek. Négy vagy öt tucat angol
az asztaloknál: hölgyek meg urak,
túl hatvanötön. Andris az egyetlen,
ki harminc évesnél fiatalabb.
Megkérdezném fiamtól: mondjad, húsz év
múltán e sok szépségből mi marad?
De nem szólok. A némaságban hallom,
hogy a kastélyok összeomlanak.

ti the past? Or the brawness o furniture,
the allure o the leather-bund libraries,
wi Montaigne, Erasmus, Voltaire,
and the cairpets, – langsyne the taste o high-heidyins
wha had theirsels pentit neist
ti their firesides, in airn breistplates?
Sae we dauner aboot like that. Ahent the sneckit
white doors, bydes the lord o the hoose, wha
had anerlie lent the place ti the National Trust,
as he cuid nae mair uphaud it.
Whit dis he think o 's, us veesitors, I refleck,
Whan he's wanderin nichts, like a ghaist, unner the vaults?
No even the best o us, the richest,
the brawest o us will depairt sic a hoose, sic a gairden, sic a gallery,
or even the neuk o a room,
or a doorhaundle warthy ti be shawn.
Efter fower o'clock, I'm sittin wi my lawdie
and we eat gateau in the tearoom, doun
in the dunny. I'd like ti continue
ti speir questions, but silence fashes me.
I look roun. Fower or five dizzen English folk
are sittin at the tables: leddies and gentlemen
ower saxty-five. Aundrae is the anerlie yin
younger than therty.
I'd speir o my son: tell me, in twenty year
whit will be left o aa this bonniness?
But I haud my wheesht. I hark at the silence
As big hooses foonder.

translated by Tom Hubbard with Zsuzsanna Varga | 1989

Kései elégtétel
Katolikus szent szobra az anglikán templomban!
Jeanne d'Arc ifjan, győztesen áll. Karcsú kardja éle
a rozzant szarkofágra mutat, hol Henry Beaufort
fekszik, aki Rouenben tűzhalálra ítélte.

Belatit Amends
The statue o a Catholic saint in a Piskie kirk!
Joan o Arc stauns, young-like and victorious.
Her slim sword's edge pynts at the disjaskit tomb
whaur Henry Beaufort ligs, wha in Rouen had her brunt.

translated by Tom Hubbard with Zsuzsanna Varga | 1989

Édes Churchill, köszönöm a táviratot!

A Kacsa című bulvárlappal fenyegetett, mondván,
hogy megírja az egész történetet, ha mozdulni merünk.
Miután béklyóban ültük végig az értekezletet,
melynek egyetlen szónoka ő volt, ezerkilencszáznyolcvan-
kilencben, a *demokratizálódó* Magyarországon, álmomban.
Levette rólunk a láncot, sajgott a bokám, az asztal
lábához szorítottam, hogy dörzsölje az, mivel
az asztal mozoghatott, csak mi, a tanszék oktatói
nem. Szerettem volna ismerni magát a történetet,
amit esetleg, megír. Szomjaztam az indítékok
föltárását, ösztönéletünkről lehullását minden
lepelnek. Hogy esetleg szerelmes vagyok őbele?
vagy ő énbelém? Esetleg mind a ketten
a régholt rektor képmásába a Tanácsterem
falán? Lehet. Sötét dzsungel a nemiség. Éles
bozótvágó késsel is alig haladhatni benne.
S a vásznak betegesen vonzanak! Láttam, néhányan
lelkükben máris bólogatnak, elöntött a vörösség,
miért is viseltem a múltkor kalapot az Ernst
Múzeumban? Fölismert.
    De jött az újabb fordulat,
miszerint mi tizenketten nem vagyunk, csak ő van.
A kiirtás hírét nehezen vesszük, nyomorult
páriák, csak morgolódunk. Bár nem lenni jobb,
belátom. Túllebegni minden piramis-határon.

Thank You for the Telegram, Dear Churchill!

He threatened that, if we so much as moved,
he'd publish the whole story in the rag
they call the Duck. That was after we'd sat
shackled through an entire meeting with him
the only speaker, in nineteen eighty-nine, in a
Hungary that was turning democratic, in
my dream. He smashed our chains, my ankle hurt,
I pressed it up against the table leg
so it got rubbed because the table was allowed
to move but departmental staff were not. I'd
have loved to read the story he planned to publish.
I longed for the motives to be made public,
for every veil hiding our instinctual
life to be pulled away. Had I perhaps
fallen in love with him? Or he with me?
Or both of us with the former rector's
portrait on the council chamber wall? Could be.
Sex is a gloomy jungle. Even a sharp knife
that cuts your way through the undergrowth won't let
you make much headway there. And canvases
exert such a morbid attraction! I saw a few
nod their abstract heads repeatedly,
I started blushing, why on earth had I
worn a hat the other day when I went
to visit the Ernst Museum? He knew who I was.
       And now for the latest twist.
They say we twelve are inexistent, only
he exists. Wretched pariahs, we
resist news of the genocide, all we
can do is grumble. Though I can accept
that best of all is not to be. To float
beyond the frontier of each pyramid

translated by Christopher Whyte | 1990

Olvasgatni ott fönn Churchill memoárját:
„Az emberiség keblét roncsoló X nevű káplár,.."
A nevet, ki tudja mért, nem merem ideírni.
  Ó, emberiség keble, kövekkel
tele! Egy farkas vonszolódik a folyópartra,
nem tudja megemészteni, hogy a fölfalt barikák
hasában kővé váltak. Közben titkárnőnk bekopog
Kapok egy rejtjeles táviratot, s a megfejtése:
Ne egyél követ! Világos, bólintok, azaz:
ne faljuk föl egymást! De hiszen a farkast
ki merné megenni? A veszély inkább egymás
oldaláról fenyeget. Túl közel ülünk,
s ez nem jó! Vagy öl vagy ölel az ember,
ahogy ez köztudott. Jobb távol!
  Édes Churchill, köszönöm
a táviratot, de írd meg, sifrírozva bár,
ha nem esszük meg egymást, mi magyarok,
mi lesz Angliával, s az Entente győzni fog?

and read up there in Churchill's memoirs:
'The corporal named X shattering humanity's bosom...'
No telling why I dare not write his name.
        Oh, humanity's bosom, filled with stones!
A wolf drags itself to the river bank,
unable to digest the fact the baby
lambs it devoured have turned to stone inside.
Meanwhile our secretary knocks at the door,
bringing me a coded telegram whose hidden
message reads: Eat no stones! I see the light
and nod, the meaning is: Don't devour each other!
But tell me who would dare to eat the wolf!
The threat comes rather from ourselves.
We're sitting too near each other, and that's
not good! When men don't fall upon
each other, they fall into each other's
arms, we all know that. Better keep clear!
        Thankyou for the telegram, dear Churchill.
Write and tell me please, and you
can use code if you want, if we Hungarians
stop eating each other, what's going to happen
to England? And is the Entente going to triumph?

translated by Christopher Whyte | 1990

Russell Square, Tavistock Place

In mem. Virginia Woolf

És társai. Nem „a falka", mely csaholhat
– „barátok, írótársak, kritikusok" –, nem érheti
utol, írta, legalább – írta – szabad vagyok. Nem.
De társai, mindazonáltal. 1986 őszén majdnem
ott laktam négy hétig a Bloomsbury-negyedben, az ő
körük holt kő por-elevene közt. Kofferokkal, táskákkal
megrakodva, a legolcsóbb szállodák egyikében,
közel a Museumhoz és az impresszionisták
Gyűjteményéhez, Az utolsó öt perc döntött, az
úgynevezett szív. A szárnyak; maradjak a földön
                                              Fekszem
a földön, itt a szobában, köles és por és száraz
füvek és tollak közt, és ez lesz az üres ól, és
egyedül leszek, mire megjön Ő, de nem megyek elébe.
Köveket nem kabátzsebembe teszek, és nem akarok már
kiúszni a nagy Tengerbe, melynek Hullámai felett
még a világítótoronytól is tartok, az elemektől,
a földtől, elég, hogy oda kerülnek a társak, itt,
messze minden elutazástól.
                         A szoba
üres lesz, Ő pedig, aki Jön, érintés lesz, mint Szpéró
– „fel nem idézheti stb.", ez u. a. kb., etc. – lába
a csuklómon – „ütőerem" –: nyugodj, felháborult szellem,
nyugodj, Öreg Lény, mondom neki. Aki Eljössz Értem. De
addig, hidd el, maradnom kell. Maradok. Ég veled.
Holt úszó, kavicsaim sírjaik elcsitultára hordom; szó: élek.

Russell Square, Tavistock Place

i.m. Virginia Woolf

And associates. Not the baying pack, you know,
'friends, writers, critics' – none of them can
catch him up, you see – he wrote – I am free. No.
But still, his associates. Autumn 1986 found me
almost living for four weeks in Bloomsbury,
in the living dust of their dead stone Circle. Laden
with bags and cases, in one of the cheapest hotels,
next to the Museum and the Impressionists.
The last five minutes saw the cut-off point;
it is called the heart. The wings; I should stay earthbound.
                                                            I am lying
on the ground, here in the room, it is thick with dust,
millet, dry grasses, feathers, it will be the empty pen, and
I shall be alone when He cometh, but give him no greeting.
I shall not fill my pockets with stones, I reject
swimming out into the Main, I am wary
even of the lighthouse over the Waves, of the elements,
of the earth itself, well, let the associates end up there
or here, far from all farewells.
                                    The room
will be empty, and He who cometh will be a touch, like Spero –
'I cannot remember, etc.', this is i.e. circa, etc. – his foot
on my wrist – 'my artery' – calm down, unquiet spirit,
calm down, Old One, I tell him. Who Cometh for Me. But
till then, believe me, I must stay. I stay. Farewell.
Dead swimmer, I wear my stones to redeem their gravestones; word: I live.

translated by Edwin Morgan | 1991

Amit a vers akar

Nem tény vagy tárgy vagy gondolat,
csak a szavak, a szóalak,
csak a kötés, a dallamív,
a sorvég amit odaszív;
amit magának vindikál,
nem a kimondani muszáj,
hanem a részesülni kész
abban, ami csak lesz egész,
aminek ott van s annyi hely,
ahol amennyi kell, ha kell,
de mire kell? de mit akar?
engem mit rángat? kitakar?
Mit képzel, hogy mindent leszed,
ruhát, bőrt, húst, keresztvizet?
Valami véres kell neki,
a belemet is kitekeri,
nem akarom, de odacibál,
és ragad a zene, áll a bál,
hiába mondom, eb ura,
lábamat viszi a figura;
nem kérdi, kell, nem kell nekem,
leszakad, ami neki nem,
ez ide föl, az oda le,
kiből? miből? belőlem-e?
Mit bánja ő, hogy én valék
e nyersanyag, e vagdalék,
ha az kijön, ha összeáll,
amit ez a készlet kínál,
*annyi*ul és épp *az*ul,
ez az átkozott *puzzle*.

1992 | Szabolcs Várady

Whit The Poem's Wantin

No fact or object or thocht,
anerlie the words, the maik o the words,
anerlie the bindin, the lilt,
whit the end o the line souks up;
whit it claims fir itsel,
no the need ti bleize it oot
but the glegness ti get tore-in
ti whitever's yit ti be,
a place ti itsel, and as muckle
as maks a muckle, as fits,
but fittit ti whit? whit's it wantin?
whit fir dis it rug *me*? reveal *me*?
Whit dis it think whan it tirls me
Frae claes, skin, flesh, haly watter?
It's wantin somethin bluidy,
it writhes oot aa my guts,
I'm sweir, but it rugs me there,
And its music cairries me aff,
Hit's nae yuise, tell'n it ti stap,
my verra legs gang gyte;
it disnae speir, gin I need it,
tho I'm wabbit, me, and it isnae,
I'm erse-ower-heels, I tell ye,
but frae wha? frae whit? frae mysel?
It gies na twa shites that yince
I wis the meat, the mince,
gin it pits the hale jing-bang thegither,
frae the stuffie that's on offer,
the richt wecht and the wey o't,
this cantrip that's got me fuckt.

translated by Tom Hubbard with Zsuzsanna Varga | 1992

A hetedik év

Ez a zilált, zavaros szemű nő
    ugyanaz lenne tényleg,
mint az,aki a képen nevető
    arcával az enyémhez
simul? Mi teszi ezt? Csak az idő?
    Én már semmit sem értek.

Én megmondtam neki: „Nem érdekel,
    anyádék hogyan éltek.
Hogy mi hogy élünk, azt mi döntjük el!"
    Mindennel egyetértett.
Most napokig némán járkál le-fel,
    mint egy sebzett kísértet.

Mintha egy ádáz idegen erő,
    valami ismeretlen
holtak lelke rikoltozna elő
    a szánkon - nem mi ketten...
Sótlan a leves, mondom, mire ő:
    hogy én sosem szerettem,

Most mondd: ha már csak egymást öli két
    ember, nem jobb, ha válik,
mint valami vétlen bűn örökét
    hurcolni mindhalálig,
mikor a végső perc mécseseként
    egy gyűlölt arc világlik?

Csak érteném, csak tudnám legalább,
    hogy kezdődött, mi hozta
létre - a társadalom?- a család?
    Isten? hogy megpofoztak
négyévesen? - ezt a fekete lánc-
    reakciót, a rosszat...

1993 | Zsuzsa Rakovszky

The Seiventh Year

This tousie wifie that's lookin fair trauchled
    Juist cannae be the same
As the limmer lauchin in thon photie
    That lichts her face ti mine.
Whit led ti this? It's ayont me.
    Is it juist ti dae wi time?

I telt her: *Hen, I dinnae care
    Hou yer mither and faither faced
Their years thegither. Oor gate's oor ain,
    No theirs.* She greed, aamaist,
Then daunered up and doun the room,
    A silent, woundit ghaist.

Like an invadin force,
    The deid we dinna ken:
Somethin skreekin oot o oor lips
    Tho it wisnae us skreeked then;
There's nae saut in the soup, says I:
    Says she, *No that again.*

Gin twa fecht wi ilk ither, juist,
    Suid they no mak the brek,
Nor rug ti daith some daft-like wrang
    Frae ower faur back?
Nor face ti hatit face licht up
    Throu the deepenin mirk?

I dinnae get it. Gin I kent
    Whit brocht it aa aboot –
Societie? The faimilie?
    Or even God, the brute?
Wis she hammered whan she wis a bairn?
    Links in a chain, I doot.

translated by Tom Hubbard with Zsuzsana Varga | 1993

Olyan mindegy ugyan. A lavinát
    elindíthatja bármi:
görögjön életetek sorain át...
    Hogy képzeltem: talán mi...?
Csúszik velünk is lejjebb a világ -
    ki bír útjába állni?

1993 | Zsuzsa Rakovszky

Och, whit the hell. Disnae tak much
    Ti stert an avalanche:
It rowls ower the lang raw o lives ...
    Did we really staund a chance?
The warld itsel is slidderin doun:
    Wha'll bring it ti a stance?

translated by Tom Hubbard with Zsuzsanna Varga | 1993

Képeslap Dubrovnikból

Tolnai Ottónak

A Raguzai Lepke denevérekkel párban,
kifeszítve röpül a Lábasház alatt.
Nyikorog a lepke-ácsolat,
szépiaszín zsírpapírsuhogás.
Fekete vashernyókkal teli
a nagy, a tártszárnyú vasútállomás.

Nincs ismerős a téren, csak
A Kokas-, meg a Fejedelmi ház.
A lovasszobor mögött fakó, lihegő zászlók.
A lebetonozott Malomárok hídja
lesz a Tolnai-víziösvény, a gázló.

A Raguzai Lepke egy üvegszekrényben
ott repül, fekete pernye.
Levél egy kisfiúnak;
szárnyrajza kézírással.

Szétrágott almadarabok,
egy ország félrenyelve.
Vetődik faruhában
a Részek közti árnyék.
Vonalakkal beírva,
kezedbe tenyerelne.

A Raguzai Lepke
áttelel Kolozsváron.

Tata, 1993.aug.26.

Postcard from Dubrovnik

to Ottó Tolnai

Paired with bats the Ragusan Butterfly
stretches its wings beneath the Pillared House.
The creature's scaffolding creaks,
rustling of sepia greaseproof paper.
Opening its great wings, the railway
station fills with black iron caterpillars.

Nothing familiar in the square except
the Kokas house and the Transylvanian prince's
residence. Pallid flags gasp for air
behind the equestrian bronze, the bridge
where they cemented the Mill Lade over
becomes the Tolnai water path, the ford.

Here in a case of glass the Ragusan
Butterfly's black embers soar.
Letter to a little boy:
manuscript of a wing.

Masticated apple segments,
a country's choked on tongue.
Clothed in wood, the shadow
dives between the Partium.
The lines that it inscribes
cross the palm of your hand.

The Ragusan Butterfly
winters in Kolozsvár.

Tata, August 26th 1993

translated by Christopher Whyte | 1994

Nosztalgia

Prigovnak szeretettel

Ó, Leonyid Iljics, darógij továris,
kiről oly rút szavakat szóltam
elhúnytad alkalmából! Mely igen hiányzol most!
Mennyire elkellene egy hozzád méltó idióta!
Egy virtigli barbár barom!
Hézagpótló lennél. Te lennél a hézag!
Rés az erős bástyán. Lyuk a seggemen.
Húgymeleg sör a Zsiguli sörkatakombában, ahol
harmincméteres
sorokban álltak a szövetségbeforrt szabad alkoholisták,
és az egyszerűség kedvéért rögvest
egy tucat korsó sört rendeltek,
merthogy a pincérnek legföljebb két óránként
volt érkezése. Kenyérrel, sóval
fogadnálak, drága Iljaffy Leó,
együtt képeznénk a problémát,
együtt meghitten akadályoznánk a kibontakozást,
te lennél a tehertétel én a kerékkötő.
Én a gúzs, te a lábbilincs.
És felfénylene
végre a Perspektíva:
Szibéria.

Nostalgia

to Prigov with love

Oh, Leonid Ilyich, *daragòy tavàrish*,
of whom I said such dreadful things
the day you died! How I miss you now!
Great is our need for an idiot of your stature!
A barbarous nitwit, the real McCoy!
You'd fill a huge gap. You could be the gap!
A fissure in our fortress wall. Hole in my arse.
Beer hot as urine in the cellars nicknamed
after our trash cars where liberated
alcoholics soldered into union
formed queues long thirty metres
and, to make things simpler, lost no time
ordering a dozen jugs of beer
because, if they were lucky, the waiter
might come back in another two hours.
I'd welcome you with bread and salt, dear Leo
Ilyichson, the two of us
could join forces to constitute the problem,
stand hand in hand blocking progress's path,
you could be the snag, me the dead weight.
I'd be the fetter, you could be the shackle.
And, in spotlights,
our final destination:
Siberia.

translated by Christopher Whyte | 1995

H.Ö.L.D.E.R.L.I.N.

H. Die Liebe

(1)
Ha eltűnik, beengedem.
Folyton valamit kérdez.
Hogy ő miért elég nekem,
az érzemény mivé lesz,
miért nem bír ki két hetet,
s hogy nélkülem mi lesz vele.
Hogy fogja feltalálni
magát. Magát az életet.
Még hátra lesz a fél fele,
s én nem leszek. Halál', mi?
Eltűnik és beengedem.

(2)
A várakozás körülfog, fogva tart, kívülről fog, engem is kívülre kerít. Csak ha beengedem, akkor múlik el. Beengedem és eltűnik. A vágyakozó, áhítozós napok különlegesen hosszúak, külön álló másodpercek, kitartóan elkülönülő napszakok. Ezen néha kitartóan bosszankodom, aztán elfelejtem vagy elalszom. Álmos vagyok, és ez álmosító, viszont miért vagyok én tulajdonképpen álmos? És éhes is, de ezt csak jóval később veszem észre, a megéhezéshez képest később, amikor kezd elmúlni. Egyfolytában eszem a várakozáshoz, evés-láncolat, korán lefekszem, még világosban, leeresztem a függönyt, a fejemre húzom a takarót, és úgy. Takaró alatt mosolygok. Nem sírok, víg kedély, leereszthető függönyök, mosoly takaró alatt. Te pedig az önző gén vagy, mondja, és hogy nem ő találta ki, hanem létezik egy ilyen könyv, neki is megvolt. Ezért jár-kel gondtalanul az isten a fejünk felett.

(3)
Most is ugyanúgy
várok pontosan
valaki másra.

1996 | Endre Kukorelly

H.Ö.L.D.E.R.L.I.N.

H. Die Liebe

(1)
When it flits I let it in
With those nagging questions
Why are we made for each other
What happens to feelings
How come two weeks is always too long
Do you really exist when I'm not there
What to do next. Life.
The half would be left
Were the other to have gone. Death.
It flits and I let it in.

(2)
Expectation embraces me, holds me tightly. From outside myself, it draws me outside. It goes away only if I give in. I give in and it vanishes. The days of yearning and craving are especially long: the seconds are separated one from the other, and each moment in the day is similarly systematically separate. Sometimes I get annoyed about it for prolonged periods, and then forget about it, or fall asleep. I feel sleepy and in itself, that is enough to make me sleepy, but I don't know precisely what it is that makes me sleepy. I also feel hungry but it becomes noticeable only afterwards, which is to say, only after I have become hungry and the sensation is already passing away. I eat all the time to feed the expectation, chain-feeding it. I go to bed early, in daylight. I close the curtains and pull the covers over my head. Under the covers, I smile. I don't cry, the mood is cheerful, the curtains were closeable, and the undercover smile. You are the selfish gene, says someone. You are no-one's invention, and everyone read the book. These are the footsteps of the careless god.

(3)
And now
I wait for somebody else
in exactly the same way

translated by Angus Reid | 1996

Kortárs sírfelirata

éltünk csak feltételesen
vagy megengedő módban inkább
nem hagytak lélegezni sem
ujjunk begyéről vettek mintát

nyers erőszak fojtogatott
hol ennek hol annak nevezték
s bár váltott nevet alakot
korbácstól némultak az eszmék

két terror között olajág
botorul azt hittük szabadság
pedig már újabb despoták
főszerepeit osztogatták

szabad csak a halál maradt
élni nem hagyók a fenébe hát
kerüljétek a síromat
halni hagyjatok legalább

1997 | Sándor Rákos

Epitaph for those Present

And we only might have lived, or
We would have lived only had we
Been allowed to breathe, had
Our identity not been theirs

Not been held in terror
Not been shifted to this and to that
Not been silenced by the chattering
Snap of reinvented selves

And between these two terrors
A no man's land called freedom
A nowhere place whose freedom
Had already been policed

A freedom that is not to be
For those that have no leave to live, so –
Go to hell, avoid my grave
My death was all I had to give

translated by Angus Reid | 1997

A titkos élet

Ha egyszer majd számonkéri tőled,
akitől semmiképp se várnád,
hogy mért nem volt titkos életed,
nem foghatod rá senkire.

Nem az agyadra gondol ő se,
abban akármi megterem,
hanem annyira, annyira egyszerűen
arra, amiért felelős nem vagy,

mert csak fütyülsz, és közben éled,
míg itt a csodák történelme
csodáról csodára pereg le, és te
azt mondod, köszönöm, van nekem szebb,

és közben nincs, mert honnan lenne,
de mégis időnként hallod a sínpár
koccanását a végtelenben,
és tudod, hogy nem a fogad vacog.

1998 | István Kemény

The Secret Life

Gin ye're interrogat fir oors
(bi somebody ye didnae expect fir it),
whit wey nae secret life wis yours,
and ye've naebody ti check fir it.

It's no yer brain he's on aboot,
whaur onythin can growe
but juist whitever ye wad doot
cuid be the product o your pow.

Aa one ti you. Ever and on,
you're thankrife fir the chronicle
o ferlie come and ferlie gone,
but claim a brawer meeracle

the whilk ye dinnae hae ti hand –
why suid ye? – listen, while ye're gitterin
the rails are dirlin withoot end,
and ye ken it's no your teeth that's chitterin.

translated by Tom Hubbard with Zsuzsanna Varga | 1998

Karácsony Jeruzsálemben

Megérkeztem hát: tenyeremben a hét domb városa.
A Herzl-hegy északi lejtőjén köd-lepedőben a katonai temető.
A zsidónegyed egyetlen minaretje ünnepi homályba vész.
Kegyosztó szél; narancs és fűszer illatát söpri felém.
Bármerre nézek, hömpölygő emberáradat, zarándok-tömeg.
Apró fények mindenünnen, sárgák, mint a kabátra szögezett hold.
Az Oroszlános kaput fegyveres őrök vigyázzak, cigarettafüst
melegébe burkolózva. Alkudozó arabok, kegytárgyárusok, átellenben
„koldusok néma bankettje". Összezárt ajkú zsidók, fekete kaftán,
imaköpeny, fejükön kalap vagy diszes szőrmesapka. Mennek
a közelgő szombatot köszönteni. Ők is ünnepelnek -
sziklák és könnyek betűit mormolják egyre a szétszóratásban
összezárva: általuk lesz valósággá a múlt.
A sikátorokból egyszerre ének tör fel, három óra van,
megkezdődött a ferences barátok körmenete. Szinte egymásra
dőlnek a házak, tömjén füstje mögött kígyózik a tömeg,
(megfejtetlen, sajgó szív-hieroglifák), papok, pópák,
zöldkabátos muzulmán őrök, apácák mosoda-fehérben
vonulnak névtelenül a Szenvédes nyomában. Egyetlen
rázkódás a Via Dolorosa. Az ablakban Barabás örvend,
hogy kegyelmet kapott, Veronika kendővel integet,
egy asszony a fiát siratja, térdeplő emberek torlaszolják
a kápolna bejáratát, végül tizennyolc meredek lépcsőfok,
ahonnan nincs visszaút. Az üdvtörténet a szemem előtt.
„Adj békességet Úr Isten, a mi időnkben a földön."
A Templom előtti téren már eső zsolozsmáz, ernyőt
mégsem látni. Felnézek, kell a mozdulat.
Az égbolt mintha maga volna az emlékezés sátra.

Yule in Jerusalem

Ay, I've arrived: I haud in my palm the seiven-hilled toun.
On the north sklent o Ben Herzl, the sodgers' graveyaird is deid-claithed in haar.
The anerlie minaret o the Jewish quarter mirkens in festive gloamin.
The wind dales oot its favours, it sweeps the scent o orange and spices towart me.
Whaurever I look, there's a rowlin thrang o folk, a thrang o pilgrames.
Peerie lichts frae aa airts, yalla, like the müne nailed on coats.
The Yett o Lions is watched bi airmed guairds, happit
In the warm reek frae their fags. Hagglin Arabs, vendors o devotional
                                          [objecks, forenent
'The silent banquet o beggars'. Jews wi lips ticht thegither, bleck caftans,
Prayer-shawl, on their heids hats or fancy fur-caps. Gangin
Ti obsairve the comin Sabbath. They're celebratin forby –
Murmrin fir aye the letters o rocks and tears enclosit in the diaspora:
Bi thame, the past becomes realitie.
Suddent, frae the vennels, a sang strikes up, it's three in the efternune,
The walk o the Franciscans has stertit. The biggins
Near cowpin ower yin anither, the thrang is twinin ahent the reek o the incense
(Unspellt, stoundin hieroglyphics o herts), priests, Orthiedox priests,
Green-coatit Moslem guairds, nuns in laundrie-white
Mairch nameless follaein Sufferin. The Via Dolorosa's
A single shoogle. At the windae, Barabbas rejyces
Anent bein pardoned, Veronica's wavin her bit cloot,
A wumman greets fir her son, kneelin folk stap
The entrance ti the chaipel; at the last, eichteen stey steps,
Frae whilk there is nae retour. The historie o salvation's afore my een.
'Gie us peace, Lord God, in oor time on the yird.'
On the square forenent the kirk, the rain's chantin hymns, nae brollies
In sicht. I look up, a muivement's needit.
The lift looks up as gin it were itsel the tent o remembrance.

translated by Tom Hubbard with Zsuzsanna Varga | 1999

Kisebbségben

"Szerte nézett s nem lelé"

Én a határaimon túl élek, olyan birodalmat
Kell szolgálnom, amelynek a népe tőlem idegen,
   Nem értem a nyelvét és a szokásai
      Viszolyogtatóak. Hagyományaihoz nem köt nevelés;

Hagyományai rég feledésbe merültek. Isteneit
Nem tisztelem, ünnepeit nem ülöm meg. Törvénykönyve paragrafusok
   Temetője. Viszonyainak bolyhos
      Szövedékén nem tudok eligazodni. A pénz

Fizetőeszközből önérték lett; az erény idióta rögeszmévé
Silányul. Bejelentett lakhelyem itt van, azonban emlékezetem
   Mélyére hatolva se tudom felidézni,
      Hogyan kerültem erre a vidékre:

Nem kamion használtruha szállítmányának alján menekülve,
Nem értek tetten határsértés közben, nincs hova
   Visszatoloncolni, pedig semmi sem köt ide;
      Érvényes az útlevelem, dokumentumaim rendben

Vannak; elmehetek, ha akarok, hogy más, szabadabb
Levegőt szívjak, esetleg hasznomat is vehetik
   És befogadnak egy ugyanilyen vagy alig
      Más országban, kettős állampolgár

Lehetek, aki vissza se jár, legföljebb látogatóba.
De, jaj, sose léphetem át a határaimat, sose
   Látom meg feltérképezetlen földjét
      A hazámnak, ahonnan elindultam, s hova tartok

Azóta is, el van zárva előlem örökre; képzeletem
Nem idézi fel napját, csillagait, ködpára fátyolán át
   Zöldből kékbe derengő tájait,
      Tornyos városainak utcakövét sem,

Minoritie Status

Lookit roond and didnae find it

I byde ayont my mairches: I maun sairve
An empire and a folk that's no my kind.
   I dinnae ken their leid, forby their weys
      Scunner me. My schulin disnae bind

Mysel ti their tradeition. I'm no kneelin
Ti their gods, I dinnae keep their Sabbaths either.
   Their law's a kirkyaird o deid prose. I'm tint
      In the tousie wab o systems. As fir siller,

It's its ain law and logic apairt frae trade.
Vertue's nae mair nor the unco-guid bangin on.
   Shair, I'm officiallie o 'fixed abode'
      But I canna faddom hou I reached this laund.

No fleein unner a pile o manky claes
In the back o a lorry; I've no been nabbed at the border;
   Naewhaur ti send me back, nane here ti claim me;
      My passport and my papers are in order.

I can bugger-aff whan it suits me, fir a cheenge
O air; there's mebbe opportunitie
   In anither airt like this or near eneuch;
      I cuid tak on dual nationalitie

No ti return, like, cept fir a brek.
But ach! I'll no cuid cross my ain frontiers,
   I'll never see my unmapped territour
      I'd stertit frae, and ettled at fir years.

It's sneckit fast ti me fir aye. My thocht
Cannae caa up its sun, its starns, its dreich terrains
   Frae green ti blae cheengin throu the haar,
      The toun's touers and causey-stanes.

translated by Tom Hubbard with Zsuzsanna Varga | 2000

Nem tudom, milyen égöv alá esik, s ha vannak,
Akik lakják, megértetni magam hiába akarnám velük:
Anyanyelvem holt nyelve sosem lesz,
Idegen szavakon üzennek kihüvelyezetlen

Álmaim is. Ha vakvilágom sötétje kihúny idelent
És átbukom önmagamon valahogy, már senki se fog azonosítani
A celluxszal átragasztott okmányok
Nadrágzsebben kimosott igazolványképeiről,

S míg szárad az üvegezetlen ablak elé kifeszített
Kötélen az ingem a szélben, meztelenül fekszem
Az emeletes vaságy sodronymatracán
És nézem a mennyezetre felköpött csikkeket.

I dinnae ken whit zone it's in, if folk
Are bydin there. Nae pynt gin I wad seek
   Bein understuid bi thame. Their deein leid
      Wad never be as my ain mither-speik.

My dreams tell naethin that can be decodit.
Gin my warld mirkens, and I faa in the streets,
   No God himself wad ken my passport photie
      Taped and washed in the back-pouch o my breeks.

And while my sark's oot dryin on the line
Forenent the unlozened windae, shair eneuch
   I lie bare-scuddie on my metal bunk
      Govin at the fag-ends gobbed up at the roof.

translated by Tom Hubbard with Zsuzsanna Varga | 2000

Földnélküli János

„Mint egy utolsó szőlőfürt a tőn felejtve,
a nap hevére hagyva, nagy szüretek után,
úgy vagyok itt, aranyba fonnyadtan,
még becsesebb talán."
    Szomory Dezső

Pokoltornáca arra volt -
a Király utca első kétszáz métere
plasztikázás nélkül mutatta,
hogyan áll a budapesti széna.
Az volt Bezzeg úrfi decembere.
Vele poharaztál, hinni vélted,
Pokoltornáca tájborait kóstolod,
halálravált fizetővendég.
Lejátszott tű alatt forog
a múzeumi bakelit: föld nélkül
gyakorlod majd a gazdaságot,
mint néhai druszád; de ez még semmi,
sohasem kötik be a fejed, maradsz
jóakaratú nők körében örökös öreglegény.
Aludtál egyet Bezzeg úrfi jóslataira,
és megálmodtad a leleplezést.
A titkok titka: zenélődobozt
dugtak el a gyomrában, nem is ő beszél,
hanem megbízóid keltegetnek,
ahogy a hímtagot ébreszti
hajnalonként a vér.

John Lackland

> 'Like the last bunch of grapes left on the vine,
> exposed to the heat of the sun after the vintage,
> I stand here withered into gold,
> perhaps a little more worthy.'
>   Dezső Szomory

That was the way to Limbo
the façade on Király Street
wore the face that Budapest
wore before plastic surgery
that was Wellwell's winter
drinking with him the distillation
of Limbo's fruit and lodging
in his grimace scared to death
antique bakelite scratching itself
under a blunt needle: *pointless*
to husband a landless property
like your onetime namesake you
shall always be single always
the bachelor among good women.
asleep over Wellwell's words
dragged up the dream-light but
the words had only come from
the gramophone he had inside
as employers wake you up
as the penis is awoken by
blood in the blood-rush at dawn.

translated by Angus Reid | 2001

Balaton

Nem akartam hogy ősz legyen megint itt
vagyunk a kert is rábólint tilosban
futó idő megállt a túlba így vitt
maradni kéne még azt súgja jól van
bólint a bodza is alacsony napba
bámulsz felállsz lassan lemész a stégre
nyugágyak bent a villany is lecsapva
ősz van és délután sietni kéne
hová pedig a táskát összeraktam
valamit egyszer úgyis itt felejtünk
meleg a fal úgy ég az őszi napban
lopott napunk ahogy nemrég a testünk

Nem akartam hogy ősz legyen megint itt
egy hosszú szál inkább ki kéne húzni
harminchárom éves vagyok pedig mit
kéne tennünk mondod ki kéne húzni
de meddig még szeretsz és úgy öregszem
ahogy a kert apránként észrevétlen
csak most nem hogy a fejem az öledben
fekszik a nád ledőlt sohase értem
tetten még az időt amikor színt vált
épp a levél a szemed is néha barna
néha meg mikor a szerelem színt vall
mélyzöld színű hullámmal dob a partra

2002 | Krisztina Tóth

Balaton

I didn't want it to be autumn once
more here we are the garden too
nods in agreement time running
through forbidden territory came
to a halt conveyed us into the
beyond we should stay longer a
whisper everything's OK the elder's
nodding too you stare into the low
sun slowly get up make your way
down onto the makeshift platform
the deck-chairs are inside the el-
ectricity's switched off it is
autumn afternoon we have to rush
but where to still my bag
is packed sooner or later we
are going to forget something here
the wall is warm our stolen day
burns in the autumn sun just as
our bodies did only a while ago

I didn't want it to be autumn once
more here one long hair needs to be
pulled out and I am thirty-three
what should we do you say it needs
to be pulled out but how much longer
are you going to love me I'm
getting older like the garden, bit
by bit nobody notices though not
now while my head's lying in your lap
the reed is flattened I have never
caught time unawares before just when
the leaves are changing colour your
eyes too are sometimes brown sometimes
when love reveals itself and I am washed
up on the lake shore with a dark green wave

translated by Christopher Whyte | 2002

Nem akartam hogy ősz legyen megint itt
érjen gyümölcs savanykás íz utol
fordult az út de most a fák behintik
hosszú nagyon indulni ez a cél
ne érjen itt inkább vigyél magaddal
ha fordul is ha érni kell hát érjen
véget múljon mi integet marasztal
el végleg és most ne rajtunk ne tétlen
múljon levél varázslat hogy lehulljon
rólunk mi tart még - vissza nem találhat
magába út hogy útrakelni tudjon
csak úgy léphet mint víz színére lábad

2002 | Krisztina Tóth

I didn't want it to be autumn once
more here let it catch up with us
the taste of overripened fruit
the road has turned the trees are shedding
endlessly departure that's
what matters but don't let it catch
hold of me here take me with you if
it turns if catching up is crucial
well let there be an end of it let what
invites to linger pass on though
not us now let the leaf's passing not be
useless magic let what keeps us still
fall from us – the road cannot find
the way back to itself can only step
like your foot on the surface of the water

translated by Christopher Whyte | 2002

Notes on the Poems

1982: 'pengő' was the former Hungarian unit of currency, replaced in 1946 by the forint, which remains in use today.

1990: The Ernst Museum in Budapest was founded in 1912 by a private collector, Lajos Ernst, to house his collection of old and modern Hungarian art. This was sold in 1939, and since 1950 the building has housed temporary exhibitions.

1994: 'Ragusa' is the name by which Dubrovnik was known until the early twentieth century. Both the statue and the buildings mentioned in the first two sections are on the main square of Kolozsvár, formerly in the Austro-Hungarian Empire, now the city of Cluj-Napoca in Romania. Ottó Tolnai is a Hungarian-language writer from Novi Sad in former Yugoslavia.

1995: 'daragòy tavàrish' is Russian for 'dear comrade'. In 'Leo Ilyichson', Petri gives a comical Hungarian version of the Russian name.

2002: Lake Balaton, to the south-west of Budapest, is Central Europe's largest lake, with a number of resorts along its shores.

Biographies and Acknowledgements

The Editors

Book Editor
ISTVÁN TURCZI, 1957–
After studying humanities in Budapest, he worked for the Hungarian Ministry for Culture from 1983 to 1987, as a radio and television journalist for literary programmes from 1988 to 2004, and as the editor of Hungarian *Playboy* from 1999 to 2000. Since 1995, he has edited the poetry review *Parnassszus*. He has translated works by Australian, Hebrew and Finnish poets, and was awarded the Warsaw International Prize in Poetry 2004. Also in 2004 he was elected chair of the Poetry Department of the Hungarian Writers' Association. His collections include *A nők és a költészet/Women and poetry* (1990), *A zöld rabbi/The Green Rabbi* (2001), and *SMS 66 kortárs költőnek/SMS to 66 contemporary poets* (2002).

Literary Consultant
ZSUZSANNA VARGA (1964–)
After studying English, Hungarian and Portuguese in Budapest, she completed a doctorate in Victorian literature at Edinburgh University, and has lived in Scotland since 1992. Since 2001, she has edited *The Babel Guide to Hungarian Literature in English Translation*, and published articles on English, Scottish and Hungarian literature in academic journals. She has taught and researched English, Comparative and Hungarian literature in Essex, London and Edinburgh. Currently she works as editor of the literary magazine *Cencrastus*.

Series Editor
KEN COCKBURN, 1960–
Formerly Assistant Director and Fieldworker at the Scottish Poetry Library. For the SPL he edited, with Alec Finlay, the audio-CD *The Jewel Box: Contemporary Scottish Poems*. He was also Project Director for pocketbooks, for whom he edited *The Order of Things: Scottish sound, pattern and concrete poems*. His own poems are published in *Souvenirs and Homelands* (1998), and more recently in various anthologies including *Dream State* (2002). He lives in Edinburgh.

Poets' Biographies

István Baka, 1948–1995
During his lifetime, seven volumes of poetry, and two volumes of short stories and dramas were published, but due to his early death he also left behind much unfinished work. His prose and plays were informed by ancient mythology and a consistent, personal system of symbols. Amongst his translations, those of twentieth-century Russian poets including Josef Brodsky are the most significant. His collections include *Tűzbe vetett evangélium/Gospel cast into fire* (1981) and *Sztyepan Pehotnij testamentuma/The Will of Stepan Pechotny* (1994). He edited an anthology of Russian symbolist poetry in Hungarian.

In English: *Selected poems*, translated by Peter Zollman (Newry: Abbey, 2003)

Zsófia Balla, 1949–
She studied music at Cluj (Romania) from 1968 to 1972, edited music and literary programmes for the Hungarian-language radio station there, and worked as a staff writer on *Családi Tükör/Family Mirror* and *A Hét/The Week*, before moving to Budapest in the 1990s. Since 1965 she has published sixteen volumes of poetry, winning the Attila József Prize 1996, and the Palladium Prize 2002. Her collections include *A dolgok emlékezete/The memory of things* (1968), *Kolozsvári táncok/Kolozsvár dances* (1983) and *A harmadik történet/The third story* (2002).

László Benjámin, 1915–1986
His early poetry was influenced by the workers' movement. He joined the group of young Social Democrat writers, and was the most important author included in the famous anthology *Tollal és szerszámmal/By pen and by tool* (1941). His poetry in the 1950s reflects his commitment to socialism, while his post-1956 work, especially poems such as 'Ötödik évszak'/'The fifth season' (1962) and 'Tüzet akartam'/'I wanted fire' (1978), expresses both the faith and the disillusionment of his generation.

Győző Csorba, 1916–1995
He studied state administration at Pécs, and travelled in Italy in 1947-48. He became nationally known with the early collections *Híd panasza/The Complaint of the Bridge* (1943) and *Szabadulás/Deliverance* (1947). He rarely engaged in writing public or political poetry. He translated Hélinan's

poetry from Old French, and he also produced fine translations of Brecht, Goethe and Rilke. A *Collected Poems* was published in 1978.

GYÖRGY FALUDY, 1910–

He studied in Budapest, Vienna, Berlin, Paris and Graz between 1928 and 1934, publishing his first volume of poems in 1938. During the Second World War, he escaped to Morocco and the USA. In 1946, he returned to Hungary, and published his poems written in emigration. Imprisoned and sent into internal exile in 1950, he composed poems which he and his fellow captives learnt by heart (published in 1989 as *Börtönversek 1950-53/Poems from Prison 1950–53*). He emigrated to London in 1956 and was Secretary of the International PEN Club from 1957 to 1962. Between 1962 and 1967, he lived in Florence and Malta, before moving to Toronto. He taught at various North American universities before returning to Hungary in 1989, where he was elected a Member of Parliament in 1994 and 1998. He was awarded the Pulitzer Prize 1998, and the Don Quixote Prize 2001. A *Collected Poems* was published in 1980, while he has translated Villon and poets from Persia, China and Japan.

In English: *Selected poems, 1933-80*, translated by Robin Skelton et al. (Toronto: McClelland and Stewart, 1985)

GYŐZŐ FERENCZ, 1954–

After studies at the Faculty of Arts, University of Budapest, he worked as an editor for Europa Publishing House from 1982 to 1993, when he returned to the university to teach. In 1998, he was awarded the Széchenyi Professorial Fellowship, and he has held two Fulbright Professorial Fellowships. He has translated John Donne, and several American poets, as well as editing anthologies of English and American poetry. His own collections include *Omlásveszély/Danger of Collapse* (1981), and *Alacsony ég alatt/Hemmed in by the sky* (2000). He was awarded the Attila József Prize 2000 and the Ágnes Nemes Nagy Prize 2001.

In English: *As if..: poems by Zsuzsa Rakovszky and Győző Ferencz*, translated by George Szirtes (Starwheel Press/Cheltenham Festival of Literature, 1991)

ÁGNES GERGELY, 1933–

After studying English and Hungarian in Budapest, she worked as a radio journalist for the Foreign Section of Hungarian Radio. She spent 1973–74 at the Creative Writing programme of the University of Iowa. After 1974, she worked as an editor for the Szépirodalmi Publishing House and taught English and American literature at the University of Szeged, and later in Budapest. She has published eleven volumes of poetry, and translated the work of contemporary English-language poets including Sylvia Plath and Christopher Okigbo. She was awarded the Salvatore Quasimodo Prize 1995, and the Kossuth Prize 2000. Her collections include *Ajtófélfámon jel vagy/You are the Mark on my Doorframe* (1963), *Azték pillanat/Aztec Moment* (1970), and *Fohász lámpaoltás előtt/Prayer before Turning off the Light* (1985).

Gyula Illyés, 1902–1983

Born into a lower-middle-class provincial family, Illyés studied Hungarian and French in Budapest. He became involved with the left-wing student and youth movement in 1918, and emigrated to Paris via Vienna and Berlin, finally arriving there in 1922, where he was involved with French and Hungarian avant-garde groups. In 1926 he returned to Budapest, and worked as a clerk in insurance and banking. His first collection was published in 1928. In 1934 he travelled to the Soviet Union where he attended the first Soviet Writers' Congress. From 1933 he was one of the leading figures of the populist writers' movement, and from 1937 he co-edited *Nyugat/West* the leading literary periodical of the day. In 1945, he held a parliamentary seat for the National Peasants' Party. He withdrew during the 1950s, and he returned to literary life only in the 1960s. His collected works, amounting to 22 volumes, were first published in 1969. He was awarded many literary prizes, amongst them the Kossuth Prize in 1953 and 1970, Le Grand Prix International de Poésie (Belgium, 1966), Herder Prize (Austria, 1970), and Commandeur de l'Ordre des Arts et des Lettres (France, 1971).

In English: *Charon's Ferry: fifty poems*, translated by Bruce Berlind (Evanston, Illinois: Northwestern University Press, 2000)

László Kálnoky, 1912–1985

Born in Eger in north-east Hungary, he studied law and politics, and was mayor of his native city during the Second World War. After the war he worked as an editor and as a translator of poetry and drama from many langauges. He produced much of his best and most innovative work in his sixties. His collections include *Szanatóriumi elégia/Elegy from a*

Sanatorium (1942), *Bálnák a parton/Beached Whales* (1982) and *Hőstettek az ülőkádban/Deed of Heroism in the Bathtub* (1986).

ISTVÁN KEMÉNY, 1961–

He studied law and humanities in Budapest, and was awarded the István Bibó Prize 1981, the Graves Prize 1995, and the Attila József Prize 1997. His collections include *Csigalépcső az elfelejtett tanszékekhez/Winding Staircase to the Forgotten Departments*, (1984), *Témák a Rokokó-filmből/Themes from the Rococo Movie* (1991), *Valami a vérről/Something about Blood* (1998), and *Hideg/Cold* (2001).

ENDRE KUKORELLY, 1951–

He studied history and library studies in Budapest. Between 1981 and 1985 he edited *Jelenlét/Presence*, the periodical of the Faculty of Arts in Budapest, and has since edited other literary periodicals including *Magyar Napló/Hungarian Diary*. Since 1992 he has taught creative writing at the Intermedia Department of Budapest Art College. He was awarded the Attila József Prize 1993, and Sándor Weöres Prize 1994. His collections include *A valóság édessége/The Sweetness of Being* (1984), *H.Ö.L.D.E.R.L.I.N.* (1998), and *Kicsit majd kevesebbet járkálok/I may be walking a little less* (2001).

LÁSZLÓ LATOR, 1927–

He studied German and Hungarian in Budapest, and worked as an editor for the Europa Publishing House. He started his career as translator of Russian and French poetry, and his collected translations were published under the title *Kalandok, szenvedélyek/Adventures and Passions* (1968). He also edited several anthologies of translations, such as *Gyönyörök sötét kútjai/The Dark Wells of Pleasure* (1993), a collection of erotic poems from foreign and Hungarian literature. His translations include *Selected Poems* by Blok and Lermontov, as well as versions of Heine, Hugo, Montale, Shakespeare, Trakl, Ungaretti, Mandelstam, Supervielle and Rilke. He started to write his own poetry in the 1940s, although his first volume, *Sárangyal/Angel of Mud*, was not published until 1969. A *Collected Poems* was published in 1997. He was awarded the Kossuth Prize 1995 and the Ágnes Nemes Nagy Prize 2001.

ÁGNES NEMES NAGY, 1922–1991

Her early poetry was greatly influenced by the Transylvanian poet Lajos

Áprily. In 1946, she founded with her husband the periodical *Ujhold/New Moon*. During the 1950s, her poems were only allowed to be published by the Catholic review *Vigilia*. In the 1960s, she travelled extensively in western Europe and in North America. She translated many plays including works by Corneille, Molière and Brecht. Her collections include *Napforduló/Solstice* (1967) and *A lovak és az angyalok/Horses and Angels* (1969). Her *Collected Poems* appeared in 1999.

In English: *The Night of Akhenaton : selected poems*, translated by George Szirtes (Tarset : Bloodaxe, 2004)

Ottó Orbán, 1936–2002

After studies at the Faculty of Arts in Budapest, he became a full-time author in 1958. In the 1970s and 1990s he published several travel books, following visits to India and North America. He translated ancient Greek poetry, as well as contemporary Norwegian, Swedish, Danish, Catalan, English and American poets. He also worked as a journalist and literary editor on the periodicals *Kortárs/Contemporary* and *Élet és irodalom/Life and Literature*, and was elected chair of Hungarian PEN in 1989. In the 1980s he was awarded many Hungarian literary prizes, and the Kossuth Prize in 1992. His collections of poems include *Fekete ünnep/Black Holiday* (1960), *Kati-patika/Kati-pharmacy* (children's poems, 1973) and *A mesterségről/About the Craft* (poems about poets and poetry, 1984).

In English: *The Blood of the Walsungs*, translated by George Szirtes (Newcastle-upon-Tyne : Bloodaxe, 1993)

György Petri, 1943–2000

His early work was influenced by Szabolcs, Eliot and Cavafy. For many years he edited the samizdat journal *Beszélő/Talker*, and his work was censored and banned after 1984 when his collection *Hólabda a kézben/Snowball in Hand*, published that year in New York, included a poem written on the death of Brezhnev. His politically subversive work was published only after 1989. He was awarded the Attila József Prize 1990, the Sándor Weöres Prize 1995, and the Kossuth Prize 1996. His other collections include *Magyarázatok M. számára/Explanations for M.* (1971) and *Örökhétfő/Eternal Monday* (1981).

In English: *Eternal Monday: new and selected poems*, translated by Clive Wilmer and George Gömöri (Newcastle-upon-Tyne : Bloodaxe, 1999)

SÁNDOR RÁKOS, 1921–1999
After studies at the University of Economics in Budapest, he worked for a newspaper in eastern Hungary and for the Révai Publishing House in Budapest. From 1951 he worked as a freelance writer and translator. His interest in mythology and ancient poetry led him to translate the *Gilgamesh* epic and the poetry of Oceania. He was awarded many prizes, including the Attila József Prize 1958, 1963 and 1975, the János Arany Prize 1996, and the Kossuth Prize 1998. His own poetry after the 1970s was characterised by speaking from behind 'masks', especially in the collections *Társasmonológ/Social Monologue* (1982), *Többedmagam/In Company* (1986) and *Szólítások/Callings* (1988).

In English: *Catullan games*, translated by Jascha Kessler and Maria Körösy (Marlboro, VT: Marlboro Press, 1989)

ZSUZSA RAKOVSZKY, 1950–
After studying English and Hungarian in Budapest, she worked in the city's Gorky Library, while also working freelance between 1982 and 1986 as an editor for the publishers Helikon. Her translations of English and American prose are highly acclaimed, while she has been awarded many prizes for her poetry including the Graves Prize 1980, the Attila József Prize 1988, and the Salvatore Quasimodo Prize 1999. Her collections include *Jóslatok és határidők/Premonitions and Deadlines* (1981), *Fehérfekete/White-black* (1990) and *Egyirányú utca/One-way Street* (1998).

In English: *New Life*, translated by George Szirtes (Newcastle-upon-Tyne: Bloodaxe, 1994)

ZSUZSA TAKÁCS, 1938–
After studying Spanish and Italian in Budapest, she worked in Cuba and, for many years, at the University of Economics, Budapest. Her translations include the complete works of St John of the Cross, while she has published ten collections of her own poetry, as well as a volume of short stories. These include *Némajáték/Dumb Show* (1970), *Sötét és fény kora/The Age of Dark and Light* (1988) and *Utószó/Afterward* (1996).

DEZSŐ TANDORI, 1938–
He studied Hungarian and German in Budapest, joining Nemes Nagy's circle in the 1950s. His first collection, *Töredék Hamletnek/Fragments for Hamlet* (1968), established his role as an innovator in contemporary

poetry. His multifaceted creative activities include philosophical essays, detective fiction published under his anagrammatic pseudonym Nat Roid, and minimalist or conceptual artworks. In the 1980s, the main focus of his life was looking after his pet birds. In the 1990s, he returned to public life, travelled abroad and appeared at literary events where he performed and interpreted his writing. He has published over seventy individual volumes, and it is impossible to gauge the extent of his output as translator. During the 1990s, he was awarded many literary prizes, including the Kossuth Prize.

In English: *Birds and Other Relations*, translated by Bruce Berlind (Princeton, NJ: Princeton University Press, 1986).

JÁNOS TÉREY, 1970–

He studied humanities in Budapest, and was awarded various writing fellowships during the 1990s. His collections include *Szétszóratás/Diaspora* (1991), *A természetes arrogancia/Natural Arrogance* (1993), *Térerő/Reception* (1998), *Drezda februárban/Dresden in February* (2000), and *Paulus*, a verse novel (2001).

KRISZTINA TÓTH, 1967–

She studied humanities in Budapest, and has worked as a translator of contemporary French poetry. She was awarded the Gyula Illyés Prize 1994, the Graves Prize 1996, and the István Vas Prize 2002. Her collections include *A beszélgetés fonala/The Thread of Conversation* (1994), *Porhó/Snow* (2001), and *A londoni mackók/London Teddybears* (2003).

SZABOLCS VÁRADY, 1943–

After studying philology at the University of Budapest, he worked as an editor for the Europa Publishing house from 1971 to 1989; since 1989 he has been the poetry editor of the magazine *Holmi/Stuff*. He has translated many British and American poets, and also produces lyrics for musical comedies. He recently edited a collection of Hungarian limericks. His poetic output is not prolific, but he has been awarded the Graves Prize 1981, and the Tibor Déry Award 1987.

ISTVÁN VAS, 1910–1991

His productive period as translator began in the early 1940s, when he rendered Villon's *Great Testament*, Apollinaire's poems and early modern

English poetry into Hungarian. Persecuted for his Jewish origin, he was sheltered by his second wife and friends during the Second World War. After 1945, he came into conflict with Lukács and others responsible for the Marxist control of literary politics. In 1947, he travelled to Rome, an experience reflected in the volume of poems and translations *Római pillanat/Roman Moment* (1948). After 1949, his creative writing, other than translations such as his versions of Shakespeare, was banned until the 1960s. His collections include *Földalatti nap/Underground Sun* (1965), *Önarckép a hetvenes évekből/Self-portrait from the Seventies* (1975), and *Mégis/After All* (1985).

In English: *Through the Smoke: selected poems*, translated by Bruce Berlind et al. (Budapest: Corvina, 1989)

Sándor Weöres, 1913–1989

Born into an upper-class family, he spent his childhood in western Hungary, and studied arts and law in Pécs. In the 1930s, he travelled in northern Europe and the Far East. In 1947, he moved to Budapest; after the Communist takeover in 1949, he was permitted to publish only translations and children's poetry, the latter becoming very widely read. His mature poetry was influenced by the poets of the leading Hungarian literary periodical *Nyugat/West*: his poetry focuses upon the withdrawal of personality, and he often speaks from behind masks. He translated extensively from English, German, French, Russian, Ukrainian, and other languages. His *Collected Poems* appeared in 1996.

In English: *Eternal Moment: Selected Poems*, translated by Alan Dixon et al. (London: Anvil Press, 1988)

Translators' Biographies

Ron Butlin, 1949–
Ron Butlin was born in Edinburgh, and educated at the university there. He is a poet, playwright, novelist, short story writer and opera librettist. His volumes of poetry include the award-winning *Ragtime in Unfamiliar Bars* (Secker & Warburg, 1985) and *Histories of Desire* (Bloodaxe, 1995). A collection of his poetry was recently published in Spanish translation, *Nuestra porción de buena suerte/Our Piece of Good Fortune* (Hiperión, 2002). He has held Writer in Residence posts in Scotland and Canada. His latest book is a collection of tales about great composers, written from unusual perspectives, entitled *Vivaldi and the Number 3* (2004). *Without a Backward Glance: New and Selected Poems* will be published in 2005. He lives in Edinburgh.

Tom Hubbard, 1950–
Tom Hubbard was born in Fife, and educated at the universities of Aberdeen and Strathclyde. He was the first librarian of the Scottish Poetry Library (1984–92) and was subsequently a visiting lecturer at the universities of Grenoble, Connecticut, Budapest (ELTE), and North Carolina (at Asheville). From 2000 to 2004 he was editor of BOSLIT (Bibliography of Scottish Literature in Translation), of which he is now Research Adviser. Currently he is also an Honorary Research Fellow in the Department of Scottish Literature, University of Glasgow (2004–2007). A widely published and translated poet and literary scholar, his works include *The Integrative Vision: Poetry and the Visual Arts in Baudelaire, Rilke, and MacDiarmid* (Akros, 1997), *The New Makars* (Mercat Press, 1991), which he edited, while his most recent poetry collections are two pamphlets, *Scottish Faust* (Kettillonia, 2004) and *From Soda Fountain to Moonshine Mountain* (Akros, 2004). Dr Hubbard recently wrote an essay on modern Hungarian poetry, 'Callouses and Diamonds', which is available at http://www.c3.hu/~eufuzetek/en/eng/14/

Edwin Morgan, 1920–
Born in Glasgow, Edwin Morgan has lived in Glasgow all his life, except for service with the RAMC in the Middle East during the Second World War, and his poetry is grounded in the city. He retired from Glasgow University as titular Professor of English in 1980, serving as Glasgow's first Poet Laureate 1999–2002. In February 2004 he was appointed 'Scots Makar', in effect Poet Laureate for Scotland. His *Collected Poems* was published in

1990, and *Collected Translations* in 1996. In 1997 he received the Republic of Hungary's Oder of Merit for his translations of Hungarian poetry.

ANGUS REID, 1966–

His theatre plays *How to Kill*, *The Trouble with the Dead* and *Believer* all won awards at the Edinburgh Festival Fringe during the 1990s. His work on film includes *Brotherly Love* and *The Ring*; the latter was awarded the prize for Best Central European Documentary Film 2004 at the Jihlava International Documentary Film Festival. His first collection of poetry *The Gift* was published in 2001, followed by *White Medicine* in 2004. Since 1996 he has lived in Ljubljana, Slovenia.

CHRISTOPHER WHYTE, 1952–

Christopher Whyte was born in Glasgow, and holds degrees from the universities of Cambridge, Perugia (Italy) and Glasgow. Since 1990 he has taught in the Department of Scottish Literature at Glasgow University, where he is currently Reader. His first collection of Gaelic poems (with facing English translations *Uirsgeul/Myth* was joint winner of a Saltire Award in 1992. His second *An Tràth Duilich* appeared a decade later. He has published translations from Italian, Croatian, Catalan and Spanish into English, as well as from Russian, German, Italian and Croatian into Gaelic. His Gaelic poems have been published in Italian, German, French, Catalan, Croatian, Albanian and Hungarian translation as well as English. He is the author of four novels in English, two of which, *The Warlock of Strathearn* (1997) and *The Cloud Machinery* (2000) received Scottish Arts Council Book Awards. His critical publications include a prizewinning edition of Sorley MacLean's *Dàin do Eimhir* (2002), and *Modern Scottish Poetry* (2004).

Acknowledgements

Permissions to reprint the Hungarian texts of poems included here were negotiated through the publishers Tipp Kult Kft, 1147 Budapest, Gyarmat utca 106, to whom all enquiries to reproduce this material should be made. Copyright in the translations remains with the translators.

Other XXV Anthologies

Intimate Expanses
XXV Scottish Poems 1978-2002

Edited by Ken Cockburn and Robyn Marsack

This anthology of 25 Scottish poems, one from each year from 1978 to 2002, presents an alternative view of how the past quarter century has unfolded in Scotland. These poems document history in small things as well as grand gestures, and range from sonnets and haiku to gargantuan list-poems.

The poets included are Iain Bamforth, Meg Bateman, John Burnside, Robert Crawford, Carol Ann Duffy, Douglas Dunn, Gerrie Fellows, Robin Fulton, Andrew Greig, George Campbell Hay, W.N. Herbert, Kathleen Jamie, Tom Leonard, Liz Lochhead, Norman MacCaig, Aonghas Macneacail, Kevin MacNeil, Edwin Morgan, Don Paterson, Richard Price, Seán Rafferty, Alastair Reid, Iain Crichton Smith, Alan Spence, Gael Turnbull.

'As this anthology begins in the year of MacDiarmid's death, it seems appropriate to open not with a poem by the old poet, but with a poem about the death of the father. Alastair Reid's touching, personal poem concludes not with an ending but a beginning, of 'that hesitant conversation / which will go on and on'. Indirectly all the writers of this quarter century are linked to MacDiarmid, in the sense that he provided the model of a poet questioning issues of identity, politics, culture, metaphysics and language within this shared geography which we call Scotland.'

from the Introduction by Ken Cockburn

ISBN 1 85754 795 0, December 2004, £7.95

How to Address the Fog
XXV Finnish Poems 1978-2002

Edited by Anni Sumari

This anthology of 25 Finnish poems, one from each year from 1978 to 2002, presents an alternative view of how the past quarter century has unfolded in Finland. The poems include examples of Finnish modernism, prose poems, aphoristic pieces, and writing in Finland-Swedish.

The poets included are Kari Aronpuro, Bo Carpelan, Tua Forsström, Paavo Haavikko, Anne Hänninen, Hannu Helin, Markku Into, Eeva Kilpi, Eila Kivikk'aho, Juhani Koskinen, Jarkko Laine, Rakel Liehu, Arto Melleri, Lassi Nummi, Lauri Otonkoski, Markku Paasonen, Mirkka Rekola, Pentti Saarikoski, Helena Sinervo, Eira Stenberg, Anni Sumari, Arja Tiainen, Sirkka Turkka, Gösta Ågren; and the translators Donald Adamson, Robin Fulton and David McDuff.

'I took it as my aim to make the selection as elegant (read: readable and suitably rough) and interesting as possible, rather than being faithful to "archaeological" layers – and that was all.'

from the Introduction by Anni Sumari

ISBN 1 85754 816 7, March 2005, £7.95